Ulrich Janßen Ulla Steuernagel
Die Kinder-Uni

Ulrich Janßen   Ulla Steuernagel

Die Kinder-Uni

Forscher erklären die Rätsel der Welt
Zweites Semester

Mit Illustrationen von
Klaus Ensikat

Deutsche Verlags-Anstalt
München

Ulla Steuernagel,
geboren 1954, und
Ulrich Janßen,
geboren 1959,
sind Redakteure beim »Schwäbischen Tagblatt« in Tübingen
und Erfinder der Kinder-Uni. Überregionale Aufmerksamkeit erregten sie
erstmals im Jahr 1995, als sie Deutschlands ersten interaktiven Leser-Krimi
starteten. Ein Jahr später gründeten sie die »Gutenachtgeschichte«,
eine sommerliche Vorlesereihe von Lesern für Leser, die bis heute Liebhaber
(und Nachahmer) in ganz Deutschland findet. Ihr erstes Buch »Die Kinder-Uni«
wurde ausgezeichnet als eines der »schönsten deutschen Bücher 2003«,
als »Wissenschaftsbuch des Jahres 2003«, war »Buch des Monats«,
zählt zu den »besten Büchern für junge Leser« und ist nominiert für den
Deutschen Bücherpreis. Mittlerweile ist »Die Kinder-Uni« in acht Sprachen
übersetzt, zweimal sogar ins Chinesische.

Klaus Ensikat,
geboren 1937, gilt als »ungekrönter
König der Buchillustratoren«.
Von 1995 bis 2002 unterrichtete er an
der Fachhochschule für
Gestaltung in Hamburg.

Inhalt

Vorwort 7

Warum wachsen Pflanzen? 11

Warum träumen wir? 35

Warum können wir hören? 61

Warum darf man Menschen nicht klonen? 87

Warum dürfen Erwachsene mehr als Kinder? 111

Warum sind die griechischen Statuen nackt? 139

Warum bin ich Ich? 167

Warum fallen die Sterne nicht vom Himmel? 189

Anhang 212

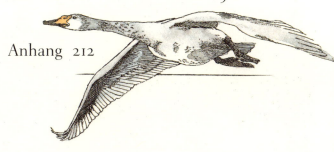

Vorwort

Kinder mögen Dinos, Kinder mögen Vulkane, und Kinder mögen Witze. Und wenn jemand kommt und erklärt, warum Dinos ausgestorben sind oder Vulkane Feuer speien und dazu noch eine Menge Witze erzählt, ist die Chance ziemlich groß, dass es Kindern gut gefällt. Doch wie sieht es aus, wenn es um griechische Kunst geht, um Skulpturen und Vasen? Oder um das rätselhafte »Ich«, über das sich die Philosophen den Kopf zerbrechen? Oder den Aufbau einer Pflanze? Ist das alles nicht ein bisschen fremd für Kinder?

Von wegen. In Tübingen ließen sich die Kinder von den schwierigen Themen überhaupt nicht abschrecken. Zum zweiten Semester der Kinder-Uni stürmten sie in riesiger Zahl in den Hörsaal und hörten sich höchst neugierig an, was die Professoren über griechische Kunst, das Ich oder die Gefahren des Klonens vortrugen. So blieb uns gar nichts anderes übrig als auch aus dem zweiten Semester der Kinder-Uni wieder ein Buch zu machen. Wir geben zu, dass wir dabei auch ein wenig an die armen Erwachsenen gedacht haben, die traditionell nicht in die Kinder-Uni-Vorlesungen hineindürfen. Das Buch dürfen auch Erwachsene lesen, jedenfalls dann, wenn die Kinder es erlauben.

Wie schon beim ersten Mal haben uns die Tübinger Professorinnen und Professoren beim Schreiben unterstützt. Ihre acht Vorlesungen an der Kinder-Uni 2003 bildeten die Grundlage für unsere acht Kapitel. Zusätzlich haben uns die Professoren viele Anregungen gegeben und auf manchen Fehler in unseren Texten aufmerksam gemacht. Dass sich das Buch von den Vorlesungen dennoch deutlich

unterscheidet, ist unvermeidlich. Die meisten Professoren der Kinder-Uni sprachen ohne Manuskript, sie gingen spontan auf Fragen der Kinder ein und zeigten viele Bilder vom Laptop. Das konnten wir im Buch nicht wiedergeben. Als Autoren mussten wir anders vorgehen, die Themen neu aufbereiten, Schwerpunkte verändern und den Stoff durch eigene Recherchen ergänzen. Die Professoren und Professorinnen haben uns dabei nach Kräften unterstützt, wir danken ihnen für ihre Hilfsbereitschaft und Geduld.

Danken müssen wir auch der Eberhard Karls Universität in Tübingen, ganz besonders ihrem Rektor Prof. Eberhard Schaich, ihrer Prorektorin Prof. Barbara Scholkmann und ihrem Pressesprecher Michael Seifert. Sie haben sich mit uns zusammen auf das Experiment Kinder-Uni eingelassen und die Tübinger Universität damit zur »Mutter aller Kinder-Unis« gemacht.

Dass aus der Tübinger Kinder-Uni einmal eine richtige Kinder-Uni-Bewegung werden würde, hatten wir uns natürlich nicht träumen lassen, als wir zur ersten Vorlesung für Kinder einluden. Nur ein Jahr nach der Tübinger Premiere öffneten schon dreißig deutsche Hochschulen ihre Hörsäle für Acht- bis Zwölfjährige, viele weitere werden folgen (Information dazu unter www.die-kinder-uni.de). In Tübingen, Berlin oder Karlsruhe kamen bis zu 1 000 Kinder zu einzelnen Vorträgen, selbst in Rom, Wien, Oslo, Basel, St. Gallen oder Zürich fand die Kinder-Uni Freunde und Nachahmer. Mittlerweile müssen sich Universitäten ohne Kinder-Uni fast schon entschuldigen.

Auch viele Bedenken sind mehr als widerlegt: Das sei doch was für neunmalkluge Professorenkinder oder für Kinder, die brav die Befehle ihrer ehrgeizigen Eltern befolgen, oder überhaupt nur was für Hochbegabte oder Altkluge, hieß es einmal. Sobald man jedoch gesehen hat, wie selbstverständlich sich die Kinder in den Hörsälen ausbreiten, wie hier einer sein Skateboard unter den Arm klemmt, dort ein Mädchen auf rosafarbenem Blümchen-Papier ein Stichwort zum Klonen notiert, wie vor und nach der Vorlesung die Kinder zum Rednerpult drängen, sich Autogramme holen und noch tausend Fragen haben, sind all diese Bedenken zerstreut.

Die Kinder-Uni, daran besteht gar kein Zweifel, ist für alle da. Und all die Meckerer und Nörgler, die gewohnheitsmäßig über die Jugend schimpfen, über ihre Gameboys und Videos, und darüber, dass früher alles soooo viel besser war, sollten jetzt erst mal die Klappe halten.

Schon dafür hat sich die Kinder-Uni gelohnt.

Ulla Steuernagel
Ulrich Janßen

Warum wachsen Pflanzen?

Pflanzen erkennt man schon an den Ahs und Ohs der Erwachsenen. Oh wie schön! Ah, was für eine herrliche Luft! Kinder erkennt man daran, dass sie Pflanzen oft langweilig finden, weder ein Ah noch ein Oh für sie übrig haben. So schön wie Legosteine sind die doch lange nicht. Und essen will man sie auch nicht unbedingt. Schade, dass Lollis nicht aus dem Boden wachsen, dann wären sie auch so gesund wie Salat.
Im Grunde wissen wir ja, ohne Pflanzen, Bäume, Sträucher, Obst, Gemüse, Kräuter und Unkräuter gäbe es uns auch nicht auf dieser Welt. Wir brauchen die Pflanzen zum Essen, zum Atmen, denn sie produzieren Sauerstoff, und auch für die Kleidung brauchen wir sie. Dass Pflanzen nützlich sind, ist unbestritten, aber kaum jemand ahnt, wie tüchtig sie sind, wie rekordwütig sogar, welche Energie-Kraftwerke, wie viele Zauberformeln sie beherrschen. Und das alles, ohne nachzudenken. Ohne nachzudenken gelingt ihnen eines der größten Wunder: das Wachsen.

WARUM WACHSEN PFLANZEN?

Für Entwicklungsbiologen ist kein großer Unterschied zwischen einer Pflanze, einer Bakterie, einer Fliege oder einem Menschen. Professor Gerd Jürgens fing mit dem Studium der Fliegen und der Bakterien an, dann widmete er sich einer unscheinbaren, aber gut zu untersuchenden Pflanze, einem kleinen Unkraut, der Acker-Schmalwand. In seiner Pflanzen-Vorlesung bekam jeder Kinder-Uni-Student einen Embryo in Form einer Erdnuss zur Beobachtung. Gerd Jürgens beriet uns bei diesem Beitrag.

Pflanzen sind seltsame Lebewesen. Man muss sich nur mal so eine stinknormale Wohnzimmer-Pflanze anschauen. Sie hat keine Augen, keine Ohren und keinen Mund, viel zu viele Arme und unten einen schweren Klumpfuß. Mit dem steht sie tagaus, tagein in der Gegend herum. Man behauptet, sie lebe, aber anzumerken ist ihr das wirklich nicht.

Da muss man schon selber zupacken, um der Pflanze mal zu einem neuen Standort oder anderen Blickwinkel zu verhelfen. Verschieben wir also den Topf und benutzen ihn als Torpfosten für Wohnzimmer-Fußball. Toooor! Wieder einmal wurde der Ball erfolgreich zwischen Ficus und Farn im Bücherregal versenkt. Aber kein Pflanzenkopf wird gedreht, kein Arm erhebt sich zu der kleinsten Beifallsbekundung. Nichts als Blätter haben die im Kopf! Pflanzen interessieren sich also nicht die Bohne für ein gutes Fußballspiel. Sie registrieren noch nicht einmal das Gewitter, das auf Fußballhelden niedergehen kann. Selbst tobende, schimpfende Eltern sind ihnen egal. Kann Leben so teilnahmslos sein? Kann es so anders aussehen als das der Menschen?

Dass die Pflanzen leben, erkennt man eigentlich nur an einem: daran, dass sie ihre Größe verändern, auch dicker werden, also dass sie wachsen. Aber selbst im Wachsen verhalten sie sich anders als die Menschen. Wenn die Menschen so wachsen würden wie die Pflanzen, wären sie am Ende ihres Lebens ja um die sieben Meter lang. Wenn sich das Längenwachstum der Menschen nämlich nicht nur auf das erste Viertel ihres Lebens beschränken würde, sondern bis zum Tod anhielte.

Dass Pflanzen leben, erkennt man aber auch an etwas anderem. Daran nämlich, dass sie vertrocknen können oder verfaulen, dass sie Krankheiten bekommen, dass man sie vergiften, zweiteilen oder sonstwie töten kann. Eben daran, dass sie sterben können.

In der Regel machen Lebewesen mehr Aufheben von sich, als die Pflanzen es tun. Pflanzen sind wirklich keine Schreihälse. Zum Glück, denn wenn die etwa 35 Milliarden Bäume, die es in Deutschland gibt, schreien würden, wäre nicht nur Schluss mit der viel gepriesenen Waldesruh, es wäre sogar so

unerträglich laut, dass die Menschen nur noch mit Kopfhörern herumlaufen und sich über Sprechanlagen verständigen könnten. Doch mehr als ein Rauschen, wenn der Wind durch ihre Blätter oder Nadeln fährt, ist von den Bäumen bisher nicht zu hören.

Aber wer weiß, vielleicht lernen sie das Lautsein ja noch. Denn eins muss man den Pflanzen lassen: Sie sind in atemraubender Weise anpassungsfähig. Sie machen alles mit – unglaubliche Kälte, irrsinnige Hitze, wochenlange Trockenheit, ein ganzes Leben unter Wasser. Der Mensch tut sich da schwerer, er ist den Pflanzen in dieser Hinsicht unterlegen. Von ihm gibt es nur ein funktionierendes Modell. Von den Pflanzen viele verschiedene, sie passen sich ihrer Umgebung an, Menschen passen dagegen die Umgebung ihren Vorstellungen und Bedürfnissen an. Sie bauen sich Häuser oder fliegen nach Mallorca, wenn ihnen kalt ist.

Pflanzen, eigentlich gestandene Outdoor- oder Freiluft-Fanatiker, sind in ihrem Anpassungsdrang sogar schon so weit gegangen, sich an die Häuser der Menschen zu gewöhnen. Vermutlich würde jede Pflanze, wenn man ihr ein paar Millionen Jahre Zeit ließe, sich jeder Umgebung anpassen.

Unter Menschen ist es ein Schimpfwort, wenn jemand einem anderen vorwirft, er sei ein Opportunist. Das bedeutet, jemand ist charakterlos, redet anderen nach dem Mund und passt sich so an, dass er dabei einen Vorteil für sich herausschlägt. Pflanzen sind noch viel schamlosere Opportunisten, und man kann sie dazu nur beglückwünschen. Und uns Menschen gleich mit, denn wir profitieren davon. Wenn die Pflanzen nicht so clever wären in ihren Überlebensstrategien und ihren Anpassungstricks, hätten auch die Menschen kaum Überlebenschancen.

Es macht vielleicht nicht viel aus, wenn man seinen Wohnzimmer-Ficus eingehen lässt. Ein bisschen schlechtes Gewissen, aber damit kann man leben. Wenn außer dem Ficus jedoch auch alle anderen Pflanzen der Erde eingehen würden, hätte die Menschheit sehr schnell ihren letzten Atemzug getan.

Brauche ich meinen persönlichen Sauerstofflieferanten?

Pflanzen fabrizieren nämlich Sauerstoff. Und ohne diesen geht es nicht, jedenfalls nicht für Menschen. Wie es ist, ohne Sauerstoff zu sein, merkt man ja beim Tauchen. Aber da weiß man zum Glück, wie es wieder zurück an die Luft geht. Vielleicht könnte sich die Menschheit mit viel Konditions- und Atemübungen antrainieren, eine Minute ohne Sauerstoff auszukommen. Aber danach ginge ihr die Luft aus, ihr würde schwarz vor Augen, und dieses Kapitel der Erdgeschichte wäre erledigt.

Wenn Pflanzen also den lebenswichtigen Sauerstoff produzieren, dann muss man wohl darauf achten, dass immer ein Baum in der Nähe ist. Sonst würde einem ja die Luft zum Atmen ausgehen. Zum Glück ist es nicht so. Denn sonst müsste jeder Mensch ständig eine Topfpflanze mit sich herumtragen. Ein Mordskraftakt wäre das, denn ein kleiner Zimmer-Ficus würde nicht genügen. Der Mensch braucht zum Leben etwa die Sauerstoffmenge, die ein Baum mit einer Krone von rund fünf Meter Durchmesser erzeugt. Die Pflanze wäre also gar nicht zu stemmen.

> **GRAS WACHSEN HÖREN**
>
> Die schnellste aller Pflanzen ist der Bambus. Er kann pro Tag fast zwei Meter wachsen. Die meisten anderen schaffen vielleicht gerade einen Zentimeter pro Tag. Obwohl Bambus sehr hoch werden kann (angeblich bis zu 50 Metern), ist es kein Baum, sondern eine Grassorte. Und da seine Sprossen beim Wachsen rascheln, quietschen und knarren, ist endlich nachgewiesen, dass man Gras auch wachsen hören kann.

Da sollte man lieber gleich unterm Baum sitzen bleiben und durchatmen. Schade eigentlich, dass die Sauerstofflieferanten uns nicht auf so angenehme Weise zum Faulsein verdonnern. Seit Hunderten von Millionen Jahren bereiten die Pflanzen die Erdatmosphäre für uns schon vor und geben kräftig Sauerstoff ab. Jede noch so kleine Alge arbeitet an unserer Atemluft. Und nun kann man überall auf der Welt atmen, auch dort, wo überhaupt keine Pflanzen wachsen. Auf dem pflanzenlosen Mond kann der Mensch dagegen nur mit Sauerstoff herumspazieren, und den muss er sich von der Erde mitbringen.

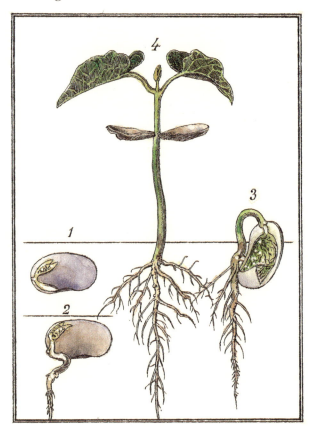

Damit haben wir die Frage »Warum wachsen Pflanzen?« doch schon beantwortet. Sie wachsen, damit die Menschen atmen können und auch etwas zu essen haben. Die Menschen essen Pflanzen, und sie essen auch Tiere, die Pflanzen essen. Allerdings konnte der Pflanze bisher noch niemand nachweisen, dass sie wächst, um uns einen Gefallen zu tun. Vielleicht wächst sie ja nur, weil sie wachsen muss. Und wie sie das tut, das versuchen Wissenschaftler seit Jahrhunderten herauszufinden. Bis ins allerkleinste Detail haben sie es noch nicht enthüllt, aber sie kommen der Sache immer näher.

> **ZELLEN SIND DIE KLEINSTEN BAUSTEINE DER LEBEWESEN**
>
> Viele Zellen zusammen bilden ein Gewebe, und verschiedene Gewebe, bilden ein Organ. Auch die Pflanzen haben Organe. Wurzeln, Blätter, Stängel oder Blüten sind solche Organe. Wenn wir uns immer näher und näher mit einer Supersuperkamera an sie heranzoomen, landen wir schließlich wieder bei der Zelle und können erkennen, dass die Zellen in den verschiedenen Geweben ganz unterschiedlich aussehen.

Wie bringt man die Natur auf Tempo?

Die alte Was-wohl-zuerst-da-war-Frage, ob Huhn oder Ei, stellt sich auch bei Pflanzen. War zuerst das Samenkorn oder die Pflanze da? Die Antwort fährt Karussell, denn überall ist der Anfang, und überall ist das Ende. Stellen wir uns das Wachstum einer Pflanze einmal im Zeitraffer vor und beginnen einfach mit dem Samenkorn. Es beginnt zu sprießen, der Keimling entwickelt Blätter, immer mehr Blätter, schließlich auch Blüten. Die Knospen öffnen sich, verwelken, und wenn der Blütenblätter-Vorhang abfällt, sieht man die Frucht, die wächst und reift. Ist sie ausgewachsen und ausgereift, beginnt sie zu faulen, und wenn sie ein Apfel ist, fällt sie vom Ast auf die Wiese, wird dort Matsche, zersetzt sich und lässt die Apfelkerne zurück. Mit ihnen geht das Spiel von neuem los. Es macht Spaß, sich die Anstrengungen der Pflanze im Zeitraffer anzuschauen. Sich vorzustellen, wie der Videorekorder der Natur auf höchster Umdrehungsstufe läuft. In diesem Video muss es flackern wie in einem alten Stummfilm, denn dauernd wechselt das Licht: mal Tag, mal Nacht. Mit vollem Tempo saust der Keimling aus der Erde, die Früchte blasen sich auf wie Luftballons. Noch schöner ist der Rücklauf, wenn der Trieb sich immer kleiner macht und mit Karacho in die Erde fährt. Schrumpfende Früchte sehen ebenfalls sehr komisch aus. Man müsste noch unter der Erde filmen können, dann würde man sehen, wie die Wurzeln durch den Boden schießen und wieder zusammensurren.

Durch den rasanten Vorwärts- und Rückwärtsgang sieht man etwas, das sonst unsichtbar passiert. Man sieht Wachsen. Dass dabei ein Lebewesen länger und stämmiger wird, ist jedem klar. Aber man ertappt es selten auf frischer Tat. Erst hinterher sagen immer alle: Du bist aber groß geworden! Dem Großgewordensein geht sowohl beim Menschen als auch bei Tieren oder Pflanzen etwas ganz Kleines voraus: die Zellteilung.

Eigentlich sehen die Zellen nach gar nicht viel aus. Sie sind einigermaßen rund, werden durch eine Wand, die Membran, zusammengehalten und haben einen Kern, der die Kommandos gibt und die Erbinformationen enthält. Wachsen könnte also bedeuten, dass dieser Kern sich aufbläht und immer mehr aufbläht. So würde es mit dem Wachsen allerdings nichts, denn die Körper von Lebewesen sind ein sehr kleinteiliges Mosaik, sie bestehen aus vielen und sehr unterschiedlichen Zellen mit verschiedenen Aufgaben. Wachsen bedeutet, wenn man es genau nimmt, Vervielfältigung. Die Zellen verdoppeln sich. Erst verdoppelt sich die Kommandozentrale im Zellkern, dann teilen sich die beiden neuen Kerne die Zelle auf. Sie halbiert sich in der Mitte.

> **DIE ZELLKUR**
>
> Die Zellteilung macht sich bei Menschen nicht nur im Wachstum bemerkbar, dann wäre es ja bei Erwachsenen mit der Zellteilung vorbei. Zellteilung hilft beim Reparieren des Körpers. Sonst könnten Wunden nicht heilen, auch keine neuen Blutzellen entstehen.

Längsschnitt durch das Gefäßbündel einer Pflanze (schematisch)

So sind nun zwei kleine Zellen entstanden, die langsam wieder zur Größe der Ausgangszelle heranwachsen. Beide enthalten das gleiche Erbgut, also die gleichen Anlagen.

Woher aber wissen Pflanzen, wie sie es anstellen müssen, damit zum Beispiel ein Teil von ihnen nach oben und ein anderer Teil nach unten wächst?

Beginnen wir einfach wieder beim Samenkorn. Diesmal läuft die Kamera allerdings langsamer. Das Samenkorn bringt in Miniatur schon alles mit, was die große Pflanze später haben wird. Im Inneren des Samens ist ein Embryo, in einer Erdnuss oder einer Bohne kann man ihn gut finden. Der Samen mitsamt Embryo hat sich von der Pflanze abgeseilt. Manchmal hilft ihm der Wind dabei, wie etwa bei der Pusteblume. Sie hat einen kleinen Fallschirm, der vom Wind getragen wird. Manchmal plumpst er auch einfach nur nach unten wie ein fauler Apfel. Manchmal benutzt er ein Tütchen, eine Einkaufs-

DIE INNERE UHR

Woher wissen die Pflanzen, ob Tag oder Nacht ist und in welcher Jahreszeit sie sich befinden? Sie haben eine innere Uhr, die ihnen die Tageszeit angibt. Diese Uhr ist nicht sehr genau und wird von der Sonne jeden Tag nachgestellt. Abends klappen die meisten ihre Blätter hoch und machen auch die Blüten zu. Wenn der Tag-Nacht-Rhythmus nur nach der Sonne ausgerichtet wäre, dann würde eine Pflanze sich durch künstliches Dunkel oder Helligkeit durcheinander bringen lassen. Tut sie aber nicht.

tasche und ein Auto und wird schließlich von einem menschlichen Daumen in die Blumentopferde gedrückt. Andere Samen arbeiten sich erst mühsam und unter Aufgabe ihrer leckersten Teile durch ein Tier hindurch. So sucht sich eine Olive eine Ziege, lässt sich von ihr verspeisen, um dann mit ihrem unverdaulichen Kern wieder aus dem Ziegendarm rausgedrückt zu werden. Nun liegt der Samen also da, wo er hingehört: auf dem Boden, womöglich in einem frisch gemachten Bett aus Ziegendung.

Wer weiß, wo es langgeht?

Wenn der Samen auf gute, feuchte Erde gefallen ist, genehmigt er sich in der Regel erst einmal einen kräftigen Schluck Wasser. Denn Samen sind extrem durstig. Während das Gewebe von Pflanzen zu etwa zwei Dritteln aus Wasser besteht, enthalten Samen höchstens ein Fünftel davon. Samen schreien geradezu nach Flüssigkeit. Das Wasser lässt den Embryo im Inneren der Samenschale anschwellen und keimen. Die Schale platzt wie ein zu eng gewordener Konfirmationsanzug. Aus dem Riss schiebt sich nun der Keim einer Wurzel und auf der anderen Seite eine Knospe heraus. Dieser Sprössling steht nicht etwa aufrecht wie eine Lanze da, sondern gekrümmt, damit die zusammengefalteten Blätter an der Spitze nicht beschädigt werden.

Erst wenn der Spross, der einmal den Stängel bilden wird, die Samenschale verlassen hat, startet er durch zum Licht. Sein Weg durch das dunkle Erdreich sollte nicht zu weit sein, sonst geht ihm die Kraft aus, denn er lebt von dem Proviant, der im Samen steckt. Und obwohl der Spross ja noch ein völlig ahnungsloses Pflänzchen ist und genauso wenig vom Licht wissen dürfte wie ein ungeborenes Kind im Bauch seiner Mutter, hat er schon eine Ahnung davon oder einen Instinkt dafür. Jedenfalls weiß er, wo es langgeht, wenn man zum Licht will, und genauso gut weiß er, wo es langgeht, wenn man an die Nährstoffe im Boden will. In jeder Pflanze gibt es ein Gefühl für Helligkeit und Dunkelheit. Der Spross kennt schon im Dunkeln nur ein Ziel, das Licht. Und deshalb macht er sich schnell und dünn. Erst wenn er das Licht erreicht hat, spreizt er seine Blätter und wird endlich das, was für Pflanzen

LANGLEBIGER STOFF

Samen ist außergewöhnlich haltbar. Wer irgendwo im Keller ein Tütchen mit Blütensamen vergessen hat, kann damit auch nach Jahren noch schöne Blumen wachsen lassen. Vielleicht ein paar Keimlinge weniger, als es bei einer früheren Anzucht gegeben hätte, aber es sind immer noch genug für einen Stadtbalkon. Der älteste Samen, aus dem je eine Pflanze gezogen wurde, ist übrigens 1300 Jahre alt. Auf den größten Samen bringt es die Seychellennusspalme. Ihre Nuss braucht bis zu 10 Jahre, um heranzureifen, sie ist einen halben Meter lang und wiegt 20 Kilo.

PFLANZEN KÖNNEN SEHEN

Wer es nicht glaubt, mache ein einfaches Experiment. Man nehme einen Topf mit einem jungen Spross und stelle ihn in einen dunklen Raum. Daneben zünde man eine Kerze an. Nach einer Weile wird sich die Pflanze zum Licht hin krümmen. Wenn man der Pflanze jedoch ein Papierhütchen überstülpt, also ihre Spitze verhüllt, wird sie ganz gerade nach oben wachsen und das Licht nicht beachten. Sie hat das Licht einfach nicht gesehen, denn ihre »Augen« befinden sich an der Spitze des Triebes.

fast schon eine Art Personalausweis ist: Er verliert seine Blässe und wird grün.

Mittlerweile weiß man, dass Pflanzen sehen können, und man weiß auch, dass Pflanzen ein untrügliches Gefühl für oben und unten haben. Schließlich wachsen sie größtenteils in die unbequeme Richtung, nämlich gegen die Schwerkraft an. Auch die zartesten Blumen kämpfen sich tapfer trotz der Anziehungskraft vom Erdmittelpunkt weg.

Man kann eine Topfpflanze auf die Probe stellen, einen Echtheitstest mit ihr machen. Der Test ist ganz einfach: Man nimmt einen Topf und legt ihn hin. Jetzt ragt der Stängel nicht mehr nach oben, sondern zur Seite. Es wird nicht lange dauern, und die Pflanze hat den Bogen raus. Sie orientiert sich wieder nach oben, sie beschreibt eine Kurve und begibt sich schnurstracks in die Senkrechte. Warum sie das kann? Im Inneren der Pflanze sieht es aus wie unter einer Straße, eine Menge Röhren und Leitungen befinden sich da. In den einen Kanälen wird der Fluss nach oben, in den anderen der nach unten geregelt, bei dem gekippten Stängel geht es jetzt nach rechts und nach links. Neben vielen anderen Stoffen kursiert in der Pflanze auch ein Wuchsstoff, er gibt die Wachstumsrichtung vor. Wenn er unten in den Wurzeln angekommen ist, wird er wie das Wasser in einem Springbrunnen wieder nach oben gejagt. Wenn die Pflanze nun flach auf einer Seite

liegt, dann sammelt sich auf dieser Unterseite mehr Wuchsstoff. Und dort, wo mehr Wuchsstoff ist, wird auch mehr gewachsen. Also wächst die untere Seite stärker. Man sieht es ihr an, denn sie geht den längeren Weg, die Außenkrümmung. Irgendwann hat sie dann den Ausgleich zwischen Außen- und Innenkurve geschafft, und es geht wieder gerade aufwärts mit ihr. Und wer den Topf nun wieder aufrecht hinstellt, ist ein gemeiner Pflanzenärgerer!

Allzu lange wissen die Forscher noch nicht über solche Vorgänge im Inneren der Pflanzen Bescheid. Man hat den Wuchsstoff, Auxin heißt er, auf seinem Weg durch die Pflanze beobachtet. Obwohl er nicht direkt zu erkennen ist, kann man mit einem Trick seine Wirkung mit einer Blaufärbung nachweisen – wo es blau wird, ist das Auxin. Man weiß, dass es ein kleines Molekül ist, das in den Blättern der Pflanze hergestellt und dann über kleine Pumpen von einer Zelle zur nächsten geschickt wird. Dieser Stoff und der Weg, den er nimmt, bestimmen auch das Aussehen der Pflanze mit, bestimmen, ob sie gezackte Blätter hat wie ein Ahorn, gefiederte wie eine Esche oder herzförmige wie eine Linde.

Ein raffinierter Trick in Grün

Warum nun die eine Pflanze herzförmige und die andere zackige Blätter hat, haben die Forscher noch nicht ganz enträtselt. Doch warum die eine Pflanze große und die andere spitz zusammengerollte Blätter hat wie der Kaktus, das weiß man schon. Die Blattgrößen bestimmt nicht zuletzt das Klima. Mit ihren Blättern fangen die Pflanzen die Sonne ein, und über sie teilen sie auch wieder aus. Wenn eine junge

> **GRÜNE PUNKTE**
>
> Pflanzen sind nur mit Unterbrechungen grün, im Blatt gibt es auch blasse, weißliche Stellen. Unter einem starken Mikroskop kann man die sehen. Auf einen Quadratmillimeter Blatt passen etwa einhunderttausend Chloroplasten. Eine einzige Pflanzenzelle bringt es auf 30 bis 40 Chloroplasten. Man kann sich vorstellen, dass man solche winzigen Punkte mit dem Auge nur als grüne Farbfläche wahrnimmt.

Pflanze ihre Blätter entfaltet, dann hat sie ihren ererbten Reiseproviant aus dem Samen aufgebraucht, dann beginnt sie, ihre Energieversorgung selber zu organisieren. Und da die Pflanze ja nicht auf die Jagd gehen kann, sondern festgewurzelt in der Erde steht, sollte sie auf eine möglichst sichere Energiequelle setzen, eine, die sie nicht einfach im Stich lässt und abhaut. Oder wenn sie schon verschwindet, sollte sie genauso sicher wiederkommen. Das Sonnenlicht erfüllt diese Ansprüche, und es wird von der Natur auch noch kostenlos zur Verfügung gestellt.

Die Pflanze ist wie geschaffen für die Sonne, denn sie bringt aus dem Stand die Fähigkeit zu einem Zaubertrick mit dem Sonnenlicht mit. Leider sieht man die tollen Tricks der Pflanze nicht mit bloßem Auge. Auch mit dem Fotoapparat kann man sie nicht festhalten, obwohl der Name des Pflanzenzaubers ganz darauf hindeutet: Fotosynthese – das bedeutet allerdings »mit Licht zusammenbauen«.

Ein Zauberkünstler würde sich, wenn er den Fotosynthese-Trick einstudieren wollte, als Erstes einmal grün anziehen. Dann stellt er sich in die Sonne, und nichts passiert, außer dass er schwitzt. Immer-

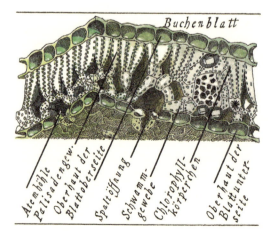

hin hätte er nun schon bemerkt, wie viel Energie oder Hitze in der Sonne steckt. Bei ihm hätte die allerdings nichts anderes erreicht, als ihn schlapp zu machen. Der Zauberkünstler versucht es also noch einmal. Diesmal geht er schlauer vor. Da er ja keine Pflanze ist und deshalb nicht aus Pflanzenzellen besteht, bindet er sich eben Solarzellen um. Die versuchen nämlich die Pflanzen ein wenig zu imitieren. Die Solarzellen können aus Sonnenstrahlen elektrische Energie machen. Wie gut sie das können, sieht man, wenn man ein leichtes Fahrgestell mit Solarzellen versieht, einen kleinen Antriebsmotor an die Radachse macht und dann in die Sonne stellt. Das Auto rast ganz ohne Benzin, nur mit Sonnenlicht los.

Der Zauberkünstler jedoch müsste sich riesengroße Solarzellen umhängen, damit sie Kraft genug aus der Sonne ziehen könnten, um ihn auf einem rollenden Untersatz fortzufahren. Doch schon nach einer Runde würde ihm auffallen, dass die Pflanzennummer damit immer noch nicht geklappt hat. Er würde das Ganze besser nicht Fotosynthese nennen.

Fotosynthese hat mit Zucker zu tun, der Zauberkünstler müsste also einen Zucker-Zauber hinlegen. Etwa so: In die Luft greifen und die Hände voller Lollis und anderer süßer Sachen haben. In der Fotosynthese macht die Pflanze nämlich etwas ganz Ähnliches. Ganz einfach: Erst lässt sie ihre Blätter von der Sonne bescheinen, nimmt außerdem Kohlendioxid auf, dann braut sie in der Pflanzenküche daraus auf sehr komplizierte Weise Zucker. Wie kompliziert, das kann man in Chemiebüchern nachlesen. Wären ihre Blätter blau, könnte sie das nicht. Pflanzen können das nur, weil sie grün sind. Ihr Grün ist mehr als eine Pflanzentapete oder das

DER HERBST

Wenn die Tage kürzer werden und die Nächte länger, die Sonne nicht mehr so viel Kraft hat und nicht so lange scheint, dann wird das Laub langsam bunt. Das Grün verschwindet, weil die Blätter sterben. Dadurch werden nun die anderen Farben in den Blättern sichtbar. Die Fotosynthese macht Winterurlaub. Man trifft sie um diese Zeit in sonnigeren Gebieten oder verlangsamt auf Nadelbäumen und anderem Immergrün.

grüne Gewand eines Zauberkünstlers, Blattgrün besteht aus Chlorophyll. Und Chlorophyll kann nicht nur grün aussehen, es zaubert, indem es das Licht festhält und etwas Neues aus ihm macht, etwas, das der Pflanze bei ihrem Wachstum nützt.

In den Blättern stapeln sich die Chlorophyll-Plättchen, richtige Lichtfallen sind das. Diese Stapel sind miteinander verbunden, und mehrere Stapel sitzen in einem Farbbeutel, der sich Chloroplast, grüner Körper, nennt. Von solchen Chloroplasten hat jede einzelne Pflanzenzelle sehr viele. Trotzdem sollte sich niemand Illusionen über die Größe einer Pflanzenzelle machen. Die ist gerade mal so groß, dass man sie unter einem guten Mikroskop angucken kann.

GIB IHR ZUCKER!

Man kann Samen auch im Dunkeln ziehen. Allerdings braucht man dann eine Fotosynthese-Ersatzlösung. Dafür nimmt man Zucker. Sogar blühen können diese sonnenlosen Gewächse. Aber eins sind sie gewiss nicht: grün. Sie sind stattdessen albinoweiß.

Sehr viel kleiner noch als die Zellen sind die Moleküle. Viel kleiner als sie geht schon fast nicht mehr, danach kommen nur noch die Atome. Die Chlorophyll-Moleküle reagieren ganz besonders auf Licht. Wenn Sonnenstrahlen auf sie fallen, werden sie quicklebendig. Das liegt an den elektrischen Teilchen in ihnen, den Elektronen, die wie auf einem Trampolin zu hüpfen beginnen. Sie plumpsen runter, werden weitergereicht und wieder weitergereicht, bis sie irgendwo hängen bleiben und neue Verbindungen eingehen. Durch dieses Herumgewirbel entsteht Energie, die einfach wieder verpuffen würde, wenn die Pflanze nicht die besondere Fähigkeit hätte, sie zu speichern. Sie kann ihre Batterien mit einem Stoff auffüllen, auf den sie bei Bedarf, auch wenn die Sonne nicht scheint, als Kraftstoff zurückgreifen kann. Er heißt ATP, in voller Namenslänge Adenosintriphosphat. Mit ihm kocht sich die Pflanze auch ihr Zuckersüppchen. Zur Herstellung benötigt sie Kohlendioxid. Das ist überall in der Luft.

Und dann braucht sie auch noch Wasser. Das Wasser bezieht sie über ihre Wurzeln, das Kohlendioxid nimmt sie durch die Poren an der Unterseite ihrer Blätter auf. Mit Wasser, Kohlendioxid und dem ATP stellt sie nun Traubenzucker her.

Wenn die Sonne lange und intensiv scheint, stellt die Pflanze viel Traubenzucker her. Die Pflanze muss den Zucker jedoch nicht immer gleich verbrauchen, sie kann auch einen Vorrat davon anlegen, indem sie lange Zuckerketten oder Stärke bildet. Sie gibt ihn dann an den Nachwuchs weiter, sie lagert das Kraftmittel also in den Früchten oder Knollen ein. Das schmeckt man ihnen später auch an. Die Früchte aus sonnigen Gegenden schmecken ja besonders süß.

In der pflanzlichen Zuckerküche bleibt auch ein Rest übrig, und der löst sich in Luft auf. Ständig tritt er als Sauerstoff durch die Poren der Blätter nach außen. Die Menschen nehmen diesen Sauerstoff begierig in sich auf und erstatten der Pflanze als Dank dafür wieder ihre eigene verbrauchte Luft zurück, denn sie atmen Kohlendioxid aus. Mensch und Pflanze sind, wie man sieht, ein richtiges Dream-Team, Traumpartner eben. Kann man sich besser ergänzen?

Allerdings muss man der Pflanze einen gewissen Vorsprung vor den Erfindungen der Menschen zugestehen. Die kleinste Alge kann mehr als das tollste Solarmobil, das von den besten Ingenieuren der Welt entwickelt wird. Die Alge hat nämlich das Chlorophyll-Molekül, ohne das klappte die Umwandlung des Lichts in Stärke nicht. Ohne das könnte auch die Alge nicht wachsen und sich vermehren.

> **HAARKÖNIGINNEN**
>
> Reispflanzen haben eine besondere Fähigkeit zum Haarwuchs jedenfalls an der Wurzel. Eine einzige Pflanze kann ihre Wurzelhaare pro Tag so wachsen lassen, dass diese Härchen aneinander gelegt eine Strecke von 90 Kilometern ergeben würden.

Warum bricht sich die Wurzel nicht das Genick?

Nun kann sich die Pflanze bei strahlendem Sonnenschein zwar abrackern wie eine Zuckerfabrik an Ostern, aber es kann an anderer Stelle klemmen. Sie kann sogar gezwungen sein, ihren Betrieb komplett einzustellen. Jeder hat schon mal gesehen, wie eine Blume ihren Kopf hängen lässt, die Blätter schlappmachen und braun und schrumpelig werden. Irgendwann ist es dann zu spät für jeden Wiederbelebungsversuch. Man muss kein großer Pflanzenkenner sein, um hier die Diagnose zu stellen: Tod infolge extremer Trockenheit. Der Pflanze fehlte ein lebenswichtiges Element: das Wasser. Egal ob nun das menschliche Pflegepersonal versagt hat oder das Wetter, die Pflanze ist hinüber.

Für die Wasserversorgung sind die Wurzeln zuständig. Mit ihnen ist sie zugleich fest im Boden verankert. Auch das ist eine wichtige Aufgabe der Wurzel, ein Gegengewicht zu Baumstamm und Krone zu bilden, dafür zu sorgen, dass die Pflanze nicht kopflastig wird und umkippt. Das alleine füllt die Wurzel jedoch nicht aus, nebenbei leitet sie noch, tüchtig wie sie ist, ein weitverzweigtes Kanalnetz. Durch diese Kanäle dringen Wasser und besondere Kraftmischungen in die Pflanze ein: Mineralien, Stoffe aus Steinen, die sich im Laufe von Jahrtausenden zersetzt haben. Ihre Namen fallen meist, wenn einen wieder jemand daran erinnert, dass man sich gesund ernähren sollte: Calcium, Magnesium, Natrium, Kalium oder auch Eisen. Es gibt noch viel mehr Namen. Man nennt sie ebenfalls Spurenelemente, und sie gehören, zwar nur in winzigen Mengen, auch in die menschliche Nahrung. Calcium

braucht man zum Beispiel für die Knochen und Zähne, Magnesium für die Muskeln, Natrium und Kalium für die Nerven, Eisen für die Blutbildung.

Wie kommen die Pflanzen nur an diese Mineralien heran? Am einfachsten wäre ein Mineralwasser, das alle nötigen Mineralien enthält. Flasche auf, Strohhalm rein und saugen. So würden wir es machen. Aber Strohhalme in die Erde halten würde uns auch nichts bringen. Außer Husten. Denn dann hätten wir gleich den Mund voller Erde. Die Pflanze ist sehr viel besser für solche Erdarbeiten gerüstet. Ihre Wurzelspitzen, und nur mit ihnen begibt sie sich auf die Jagd nach Wasser und Mineralien, sind von feinen Härchen überzogen. Mit jedem dieser Härchen besitzt sie einen Ministrohhalm.

Warum so viele? Je mehr, desto besser, denn damit vergrößert sie die Möglichkeit zur Wasseraufnahme. Je größer die Oberfläche, desto mehr Wasser kann aufgesaugt werden. Und man versteht nun auch, warum die Wurzeln immer weiter wachsen: Sie müssen von der Stelle kommen. Immer am gleichen Ort nach Nährstoffen suchen hat wenig Sinn. Irgendwann ist jedes Fleckchen ausgelaugt. Also auf zu neuen Weidegründen! Beim Wachsen hat die Pflanze also ihr Fortkommen im Sinn. Sie wächst nicht überall gleichmäßig, sie legt an den weichen Spitzen zu, den jungen Trieben, Gewebeknoten oder in den jungen Gewebsschichten in Stämmen oder den Wurzelspitzen. Ganz vorne auf ihrer Spitze trägt die Wurzel allerdings einen Helm, erst darunter schauen ihre feinen Härchen hervor. Die Wurzel rempelt sich durchs Erdreich, und

hätte sie nicht diesen Kopfschutz, hätte sie sich schnell das Genick gebrochen.

Die Wurzel spielt zwar im Finsteren den Muskelprotz, aber so stark ist sie auch wieder nicht. Ohne Sonne sähe sie schlecht aus. Die Wurzeln drücken von unten das Wasser hoch, aber bis in die Wipfel der Bäume würden sie es nicht schaffen. Die Pflanzen müssten an Höhendurst leiden. Die Rettung bringt ihnen die Sonne. Sie zieht oder saugt nämlich von oben, als ob sie viele Trinkröhrchen in die Pflanze halten würde. Die Flüssigkeit im Baum steigt nach oben. Und weil die Pflanze feuchter ist als ihre Umgebung, wird sie ständig dazu gezwungen, Feuchtigkeit in Form von Wasserdampf abzugeben. An heißen, trockenen Tagen natürlich mehr als an kalten, feuchten. Das Wasser verdunstet über die Poren auf den Blattunterseiten. Durch diese kleinen Löcher lässt der Baum Wasser ab und schafft Platz für neues. Auf diese Weise bekommt die Sonne viel zu trinken: von einer Sonnenblume einen Liter Wasser am Tag, von einer Birke um die 70 Liter und von einem großen Regenwaldbaum etwa 700 Liter am Tag. Ehrlichkeitshalber muss man aber sagen, dass die Sonne das Wasser nur holt, aber nicht für sich beansprucht, sondern wieder auf die Erde zurückregnen lässt.

Der Wurzel, die sich da mit Gewalt durch den Boden ackert, muss man noch etwas zugute halten: Sie hat einen extrem feinen Riecher für die Mineralien, die die Pflanze aus dem Boden benötigt. Zu ihrer Förderung wirft sie sogar das selbst betriebene Pumpenwerk an, das mit dem Kraftstoff ATP arbeitet, der bei der Fotosynthese abfällt. Aber die Wurzel hat noch mehr Tricks parat. Wenn sie zu wenig Mineralien im Boden findet, dann setzt sie eigene

---

FRÜHJAHRSKRÄFTE

Im Frühjahr funktioniert die Wasserleitung im Baum etwas anders als sonst. Da erhöht der Baum von innen seinen Wurzeldruck. Denn wenn noch keine Blätter da sind, funktioniert die Verdunstung nicht.

Säuren frei, die den Mineralstoffen Beine machen – und dann geht es mit ihnen ab in die Wurzel.

Wer schlägt mich um Längen?

Mittlerweile gibt es wohl keinen Zweifel mehr daran, dass in allen Pflanzenteilen das wilde Leben tobt: Die Wurzelmänner des Wasser- und Mineralien-Suchtrupps arbeiten im Dauereinsatz, ihre Beute wird vom Hochtief-Pumpenteam, Spezialabteilung Wurzelwerk, in langen Röhren nach oben befördert. Ganz oben arbeitet der Schleusendienst, lässt Kohlendioxid durch die Blatttore hinein und Sauerstoff hinaus, dazwischen hüpfen von der Sonne wildgemachte Elektronen herum, die Kraftwerke laufen heiß, in allen Blatt-Küchen wird Zucker gebrannt, der vom Hochtief-Pumpenteam, Spezialabteilung Blattwerk, in langen Röhren nach unten transportiert wird, und an den Dampfflughäfen drängeln sich die Ausreisewilligen und Sonnenhungrigen.

Die Forscher wissen noch sehr viel mehr über das Innenleben der Pflanzen, aber auch sie haben es bislang nicht bis in die letzten Moleküle durchschaut. Doch selbst ein sehr unvollständiges Bild dieser Lebewesen zeigt, dass der Wirbel, den sie machen, nur ein Ziel hat: eine stete Vergrößerung, eine stete Verbesserung ihrer Lage, näher zur Sonne, näher zum Wasser oder zu neuen Mineralien des Bodens. Manche Pflanzen wachsen sogar noch schneller, wenn sie dicht an dicht mit anderen stehen. Wer seine Tomaten zu Hochleistung antreiben will, setzt die Konkurrenz auf sie an.

Wachstum bedeutet nun nicht Längenwachstum um jeden Preis. Denn wer nur hochschießt, der knickt um. Auch die Dicke der Pflanze muss stimmen. Und das Wachstum muss zur Umgebung passen. In der Wüste haben sich die Pflanzen den Durst weitgehend abgewöhnt. Man könnte meinen, deshalb blieben sie eher klein. Es gibt aber auch Beispiele für das genaue Gegenteil. Etwa den Saguaro-Kaktus, der riesig groß werden kann. Er braucht seine Größe, um so viel Wasser wie möglich in sich einzulagern. 1 000 Badewannen könnte man mit dem Inhalt dieser Kakteenriesen füllen, wenn man sie auspressen würde wie eine Zitrone. Ihre wächserne Schale schützt die Flüssigkeit vor der Sonne. Und die Stacheln oder Dornen der Kakteen haben auch einen Sinn: Es sind ihre Blätter, die sie so zusammengerollt haben, dass sie möglichst wenig Fläche zum Verdunsten bieten. Nebenbei sind die Blätter auch prima Waffen gegen durstige Angreifer. Für die Zuckerproduktion ist in ihnen jedoch kein Platz mehr, die ist in die wächserne Oberfläche der Kakteen verlegt.

Wie die einen Pflanzen gelernt haben, mit wenig Wasser, so haben die anderen gelernt, mit wenig Sonne auszukommen: Moose, Farne oder Unterwasserpflanzen. Aber ganz haben auch sie sich das Licht nicht abtrainiert. In lichtlosen Gewässerzonen wächst keine Pflanze mehr, und in Höhlen halten auch Moose es nur aus, wenn sie von irgendwoher Licht bekommen, und sei es das der Besucherfunzel.

DIE ÄLTESTEN

Der Älteste aller Bäume wird auf 10 000 Jahre geschätzt und seine Wurzel noch auf sehr viel älter. Es ist eine Fichte. In Kalifornien wachsen Kiefern, die 4 500 Jahre alt sind. Die älteste Baumart ist der Ginkgobaum. Seine Anfänge reichen 250 Millionen Jahre zurück. Und der einzelne Ginkgo, der sehr langsam wächst, kann durchaus 2 000 Jahre alt werden und bis zu 40 Meter hoch wachsen.

Und wofür braucht man die Bienchen?

Ohne eine clevere Familienplanung hätte jedoch all das Wachsen keinen Sinn. Manche Pflanzen scheinen zwar unendlich Zeit zu haben, denn sie werden uralt. So sind die Bäume die Lebewesen mit der höchsten Lebenserwartung. Wer wird sonst schon mehrere tausend Jahre alt?

Andere werden gerade mal ein halbes Jahr alt. Bei ihnen tickt die biologische Uhr erbarmungslos. Sie müssen sich in kürzester Zeit entwickeln und nebenbei ihren Nachwuchs heranbilden. So gesehen dürfte die Sonnenblume besonders gestresst sein. Sie kann vier Meter hoch werden, hat mit Wasser, Mineralien und Zucker enorme Höhenmeter beim Transport zurückzulegen, bildet riesige Blütenstände aus, jedes gelbe Blatt ist eine eigene Blüte, und produziert pro Pflanze viele nährstoffreiche Samenkörner. Kein Wunder, dass diese tüchtige Pflanze in der Landwirtschaft gern gesehen ist. Zum Glück weiß die Sonnenblume nicht, dass die Früchte ihres Abrackerns zumeist als Sonnenblumenöl in den menschlichen Küchen enden! Nur in einer Beziehung ist die Arbeitsblume auf Hilfe angewiesen: Zum Bestäuben braucht sie immer noch die Bienen. Aber wie es mit den Blumen und den Bienchen funktioniert, das kennt man ja zur Genüge aus dem Sexualkundeunterricht.

Warum träumen wir?

Der Tiger rast auf einen zu. Man will weglaufen, aber die Füße kleben am Boden. Endlich gelingt es, sie zu lösen und ein paar Zentimeter zu heben. Doch zähe Kaugummi-Fäden halten sie zurück. Der Tiger kommt näher. Er brüllt. Immer näher. Schon reißt er das Maul auf. Schweißgebadet wacht man auf. Dabei sollte man doch eigentlich wissen, dass Traumtiger nicht wirklich gefährlich sind. Traumtiger schaffen es nie bis ins Bett der Eltern. Deshalb ist das ein sehr sicherer Ort. Und überhaupt: Wer kennt schon jemanden, der im Traum von einem Tiger gefressen wurde?

Zum Glück gibt es nicht nur Albträume, es gibt auch schöne Träume, in denen sich der Tiger streicheln lässt, mit einem herumtollt und man ihn mit nach Hause nimmt. Die Eltern sagen dann: O wie nett, du hast einen Tiger mitgebracht! Und dann gibt es auch noch Träume, in denen fast alles genauso ist wie tagsüber. Die Lehrerin ruft einen auf, und man hat keinen Schimmer, was sie von einem wissen will. Man hat nämlich nicht zugehört und von einem Tiger oder einem Pony geträumt. Warum träumst du nur immerzu?, fragt die Lehrerin. Ja, warum träumen wir, fragen wir uns.

Die Augen zu schließen und sich ein Tier vorzustellen, dazu forderte der Professor seine Zuhörer in der Vorlesung »Warum träumen wir?« auf. Als der Saal voller Tiere war, öffneten sie wieder die Augen und stellten verblüfft fest, dass man auch am Tag träumen kann. Der Kinder- und Jugendpsychiater Gunther Klosinski erzählte den Kindern vom Schlaf und vom Traum und was beides mit Lernen zu tun hat. Auch uns beriet er für dieses Kapitel.

Manchmal sieht es so aus, als seien Träume vor allem für Bücher und Deutschaufsätze gut. Immer wenn die Schreiber nicht mehr weiterwissen, die Spannung ins Unerträgliche steigt, dann wachen die Hauptfiguren auf. Träume sind sehr praktisch. Mit ihnen kann man eine unglaubliche Spannung erzeugen. Und dann, mitten im schlimmsten Traumschlamassel, entkommt der Held einfach in die Wirklichkeit. Aufwachen ist wie ein Schleudersitz, für den Helden und auch für die Geschichtenschreiber. Wenn ihnen keine anderen Ausstiege aus dem Phantasiereich mehr einfallen, dann geht es eben Knall auf Fall ab in die Wirklichkeit.

Ihre ausgezeichnete Eignung für Geschichten sagt allerdings noch nichts über den eigentlichen Sinn der Träume. Dass wir nachts träumen, erscheint uns noch viel rätselhafter als das Träumen am Tag. Die Tagträume haben eher mit dem zu tun, was man gerne macht oder gerne hat. Da ist es ganz normal, mitten am helllichten Schulmorgen ein Pferd zu streicheln, direkt in einen schnellen Wagen einzusteigen und allen zu zeigen, was für ein Supermann oder eine Superfrau man ist.

Tagsüber hat man ja noch einigermaßen den Überblick und das Gefühl, das Kino im Kopf beherrschen zu können. Aber nachts, da sieht die Welt vollkommen anders aus. Wenn es dunkel wird, entgleisen die Bilder, man fühlt sich nicht mehr als ihr mächtiger Produzent. Sie kommen einfach über einen.

Und ob es nun ein guter oder ein schlechter Film ist, den man da träumen wird, das kann man leider auch nicht vorhersagen. Gäbe es doch nur Videotheken für Traumfilme. Jeden Abend könnte man sich eine Geschichte ausleihen. Jetzt nur noch die Kassette einlegen, und los geht der Traum! Eine Gefahr wäre allerdings: Man könnte die Lust am Aufwachen verlieren. Das Tagleben erschiene sehr bald sterbenslangweilig im Vergleich zum aufregenden Nachtleben.

Eine merkwürdige Sache ist das Träumen. Wer denkt sich die Träume eigentlich aus? Was haben sie mit einem selber zu tun? Und wozu sind sie gut? Die Menschheit träumt, solange es sie gibt. Sie hatte also auch schon viel Zeit, über all die Traumfragen nachzudenken.

Aber wir sagen es lieber gleich, damit es nicht am Ende des Kapitels Klagen oder ein böses Erwachen gibt: Es ist zwar schon viel rund ums Schlafen und Träumen untersucht und entdeckt worden, aber das ganz große Traumrätsel ist noch nicht gelöst.

> **TAGTRÄUME**
>
> Zunächst denkt man, die Phantasie kommt im Dunkeln besser klar als im Hellen. Aber nicht nur nachts, auch tagsüber wird geträumt. Das geht sogar bei offenen Augen. Mit dem Tagtraum kann man ohne viel Anstrengung und kaum sichtbar für andere in andere Welten abschwirren. Solche Phantasien haben sogar noch etwas Gutes, man kann sich dabei prima entspannen.

Wovon träumt das Krokodil?

Es könnte ja sein, dass die Träume erst mal eine ganze Zeit brauchten, um auf die Welt zu kommen. Wer kann sagen, ob auch die Steinzeitmenschen schon geträumt haben. Dass sie geschlafen haben, steht außer Zweifel, denn der Mensch ist so gebaut, dass er den Schlaf unbedingt braucht. Menschen, denen man den Schlaf lange entzieht, verlieren den Boden unter den Füßen und werden krank.

Aber kein Mensch weiß, was den Steinzeitmenschen im Schlaf begegnete oder wie Steinzeitträume aussehen. Erzählen kann es einem niemand mehr, und Aufzeichnungen darüber gibt es, außer bei der Comic-Familie Feuerstein, auch keine. Immerhin weiß man etwas, das die Träume der Steinzeitmenschen nur zu wahrscheinlich macht: Auch die Tiere träumen. Nicht alle, aber alle Säugetiere. Die Vögel träumen ebenfalls, als Flieger scheinen sie schließlich wie geschaffen dafür. Und selbst einige Reptilien hat man schwer im Verdacht zu träumen. Die Wissenschaft geht davon aus, dass die Träume mit dem Landgang der Tiere kamen, also vor etwa 150 Millionen Jahren entstanden sind.

Wenn man sich nur so einen Tiertraum einmal anschauen könnte, am besten auf einer großen Kinoleinwand! Leider geht das nicht, und so werden wir uns wahrscheinlich noch eine ganze Weile mit der Frage herumschlagen, ob Schlangen eher schöne oder eher schreckliche Träume haben. Man könnte meinen, eher schöne. Immerhin entfällt in ihren Träumen eine der schlimmsten Albtraumgestalten: die Schlange. Aber vielleicht albträumen Schlangen ja von großen, gefährlichen Menschenbestien. Die in Wirklichkeit doch zahme Biester mit großer Angst vor Schlangen sind.

GESUNDER SCHLAF

Ungefähr ein Drittel seines Lebens verschläft der Mensch. Für die reine körperliche Gesundheit käme er schon mit wesentlich weniger hin. Warum er dennoch weiterschläft, ist immer noch sein Geheimnis.

Wie hieß der Star antiker Nächte?

Besser also erst einmal an die Träume halten, über die man Genaueres weiß. Es gibt uralte Träume, die dennoch nicht im Dunkel der Geschichte verschwanden. Schon in der Antike beschäftigte man sich mit Träumen und Traumdeutung. Man hatte auch eine Erklärung fürs Träumen gefunden. Träume seien Botschaften der Götter, dachte man damals. Der Traum war wie eine Art Anruf aus dem Olymp, der Götterwelt. Vom göttlichen Ende der Leitung wurden den Träumenden also Botschaften und Warnungen durchgegeben. Es existierte auch ein richtiger Traumstar. Er hieß Morpheus, nach dem griechischen Wort »morphe« für Gestalt, und war der Sohn des Schlafgottes. Er konnte sich in unterschiedliche Gestalten »morphen« und geisterte über die Traumbühnen der Menschen. Jedenfalls stellte man sich das damals vor. Einer seiner Traumauftritte sah so aus: Eine Frau, sie hieß Alkyone, trauerte um ihren Mann, der von einer Seereise nicht zurückgekehrt war. Im Traum erscheint ihr Morpheus in Gestalt ihres Mannes, und am nächsten Morgen findet sie die Leiche am Strand. Die Götter zeigten Gnade mit dem Paar und ließen es in Vogelgestalt weiterleben. So wurde in der Antike geträumt. Jedenfalls wollen es die Sagen so.

Der Traum war eine von verschiedenen Möglichkeiten, mit denen die Götter den Menschen Informationen übermittelten. Die Götter waren eine Art Menschenflüsterer. Und weil sie dazu die Träume benutzten, nahm man diese dementsprechend ernst. Wie ein Orakel oder eine Weissagung.

In der Antike scheint also in großem Stil geträumt worden zu sein, immer mit dem direkten Draht nach ganz oben. Auch in der Bibel wird ähnlich geträumt. Wieder begegnen einem hier die großen Träume und die göttlichen Prophezeiungen. Im Alten Testament deutet Joseph den Traum des Pharaos, der des Nachts erlebt, wie sieben magere Kühe sieben fette Kühe auffressen. Joseph sieht darin eine Art Wettervorhersage für sieben reiche und sieben arme Jahre und gibt den Rat, Vorräte anzulegen, damit man in den mageren vom Ertrag der fetten Jahre leben kann. Mit dieser Warnung hilft er den Ägyptern, eine gewaltige Dürreperiode zu überstehen. Auch diese Geschichte zeigt, wie wichtig man den

> **TRAUMLOSER AMEISENIGEL**
>
> Wo eine Regel ist, ist auch die Ausnahme nicht weit. Alle Säugetiere träumen? Da gibt es eines, das vermutlich nicht träumt: der Ameisenigel. Daran, dass er nachts aktiv ist, kann es nicht liegen, denn andere Nachtwesen träumen ja auch. Auch seine Nahrung, Ameisen und Termiten, lässt ja durchaus noch Wünsche und Träume offen. Es wird vermutet, dass sein Traummangel an seinem Alter liegt, der Ameisenigel ist ein sehr altes Säugetier.

DAS TRAUMORAKEL

Bei den alten Griechen gab es die Heilmethode Traumorakel. Ein Kranker wurde in einem Tempel des Gottes Apollon oder Äskulap gebadet, gesalbt und mit allerlei Räuchermitteln in einen Trancezustand versetzt. Dann legte man ihn zum Schlafen auf das Fell eines Widders. Aus seinen Träumen leitete der Priester dann ein Heilmittel ab. Über die Heilungsquote ist leider nichts bekannt.

Traum als Weisheit und Warnung einer höheren Instanz nahm. So viel scheint schon klar: Der Traum ist nicht einfach von dieser Welt.

Lange Zeit also träumte die Menschheit in großem oder kleinem Stil vor sich hin. Man nahm die Träume mal mehr, mal weniger ernst. Je nachdem, ob man sie als Information höherer Wesen oder Botschaften aus der Zukunft sah oder als etwas, das nur aus dem Menschen selber kam. Auch diese Annahme wurde im Laufe der Jahrtausende immer wieder diskutiert.

Wer war der erste Traumdoktor?

Die Träume taugten für alles Mögliche, für Magie, Religion, Kunst, auch zum Streit um verschiedene Deutungen. Die Wissenschaft hingegen begann sich erst Ende des 19. Jahrhunderts ernsthaft mit ihnen zu beschäftigen. Der Erste, der sich ihnen widmete, hieß Sigmund Freud, ein Arzt aus Wien, der mit Untersuchungen des menschlichen Nervensystems angefangen hatte und dann in einem bis dahin völlig unentdeckten und schwer fassbaren Bereich landete, der Seele oder Psyche des Menschen.

Bei Seele weiß man ja noch einigermaßen Bescheid. Sie kann weiß oder schwarz sein, Anwärter für Himmel oder Hölle. Sie ist das, was vom Menschen auch nach seinem Tod angeblich übrig bleibt. Die Psyche ist viel schwerer zu fassen. Man spricht in ihrem Fall nicht von gut oder böse. Die Psyche riecht nicht, macht keinen Lärm, sie lässt sich auch nicht angucken oder wie ein Organ aufschneiden und im Krankheitsfall operieren. Sie kann auch keinen Tumor entwickeln, an dem ihr

Mensch stirbt, sie kann aber im Extremfall sehr bösartige und tödliche Krankheiten ausbilden. Ihr Inhaber leidet dann furchtbar und kann aus eigener Kraft nichts gegen die zerstörerischen Kräfte in seinem Inneren unternehmen. Er braucht Hilfe. Man kann sich vorstellen, dass es auch einem Arzt bei derart unsichtbarer und unsicherer Stofflage nicht leicht fällt, die Probleme der Psyche zu erkennen und zu heilen.

Sigmund Freud fand als Erster einen Schlüssel zu diesem schwierigen Zentrum des Menschen. Erstaunlicherweise passte ein Schlüssel, den man nicht gerade als ein genaues Werkzeug, sondern eher als eine Nebelkerze bezeichnen muss: der Traum. Der Traum wies Freud den Weg in die Psyche des Menschen und, noch viel erstaunlicher, in ihre dunklen Kellerräume, in die Bereiche, die außerhalb des menschlichen Bewusstseins liegen und von denen er selber keine Ahnung hat. Der Traum wurde eines der wichtigsten Hilfsmittel zur Erforschung des Unbewussten. Die Lehre, die Freud um die Psyche mit ihren bewussten und unbewussten Anteilen begründete, heißt »Psychoanalyse«, und Tausende von Psychoanalytikern überall auf der Welt orientieren sich bis heute an ihr. Wer eine »Analyse« macht, also regelmäßig zum Analytiker geht, wird früher oder später auch Träume erzählen.

Eine Psychoanalyse kommt zum Beispiel für Leute in Frage, die sehr unter Ängsten leiden. Wenn jemand bei Anbruch der Dunkelheit nicht alleine

> **FÄNGER BÖSER TRÄUME**
>
> Traumfänger brachten manche Indianer über den Schlafplätzen ihrer Kinder an. Das waren kleine Netze, die die bösen Träume festhielten. Wenn in der Nacht die Träume vom Himmel herab über die Kinder herfallen wollten, kamen dank der Traumfänger nur die guten durch, die bösen Träume verfingen sich im Netz. Die Sonne räumte das Netz dann leer, ihre Strahlen lösten die Albträume auf.

sein kann und unter dieser Abhängigkeit von anderen leidet. Oder wenn jemand Opernsänger ist, aber schon vor dem kleinsten Auftritt tausend Tode stirbt. Wenn jemand nicht über den Tod eines geliebten Menschen hinwegkommt, wenn jemand esssüchtig ist, wenn jemand andauernd Angst vor schlimmen Krankheiten hat oder regelmäßig von einer furchtbaren Traurigkeit befallen wird. Es gibt auch andere Wege, sich helfen zu lassen. Einer jedenfalls ist die Analyse.

Die Analyse gleicht nicht einem normalen Arztbesuch, bei dem man erst einmal seine Schmerzen schildert, und dann sagt der Doktor, was man vermeiden, auf was man achten sollte und welches widerliche Medikament man dreimal täglich nehmen muss. Bei der Analyse gibt es keine Heilung auf Rezept, der Analytiker und sein Patient, den man Analysanden nennt, entwickeln sie gemeinsam. Das ist leicht gesagt. Dabei weiß doch jeder, der unter einer Angst leidet, dass es zwar möglich ist, sie hin und wieder zu überwinden, aber verloren hat man sie deshalb noch lange nicht. Es nützt also wenig, sich nur klar zu machen, was für ein Angsttyp man ist. Dann weiß man vielleicht im Voraus, dass man gleich einen Angstanfall haben wird, aber der Angst macht das nichts, sie kommt trotzdem.

In der Analyse spielt man Situationen, die Angst machen, in der Vorstellung durch. Der Analytiker spielt eigentlich gar nicht so doll mit. Der Analysand besetzt den Analytiker wie ein Filmregisseur in verschiedenen Rollen. So kann es sein, dass der Analytiker einige Zeit den mächtigen Vater im inneren Film des Patienten spielt und eine andere Zeit lang den Geliebten oder die Geliebte. Der Vorteil dieser, wie es in der Analyse heißt, Übertragungen ist: Alle Ge-

---

WIE TRÄUMEN DIE MALER?

Auch die Künstler begannen schon früh, Träume zu malen. Sie sind nicht immer gleich als Traumbilder zu erkennen, denn die Künstler ließen Traum und Wirklichkeit lange Zeit gleichberechtigt nebeneinander auftreten. Sie hatten nicht von Anfang an die Gewohnheit, Traumfiguren verschwommen oder unscharf zu malen.

fühle, auch die unangenehmen, treten viel ungebremster zutage, als wenn der Patient von solchen Angst- oder Liebessituationen nur berichtet.

Kann ein Analytiker zu viel wissen?

Ja, und was fängt der Analytiker mit einem Traum an? Stellen wir ihn einmal auf die Probe. Schicken wir ihm ausnahmsweise einen zehnjährigen Jungen. Der Junge sagt: »Meine Mutter hat heute keine Zeit, deshalb soll ich Ihnen einen Traum erzählen!« Der Analytiker nickt und bittet den Jungen, sich hinzulegen. Der legt sich also auf die Couch. Hinter ihm nimmt der Analytiker Platz. Der Junge erzählt: »Ich stand auf dem Dach eines Hochhauses und schaute in die Tiefe. Plötzlich verliere ich den Boden unter den Füßen. Ich versuche noch, mich an einem Balken festzuhalten. Aber es gelingt mir nicht. Ich falle

> **DAS UNBEWUSSTE**
>
> Sigmund Freud fand heraus, dass es in jedem Menschen verborgene Wünsche, Gefühle, Erinnerungen oder Ängste gibt. Sie wirken auf sein alltägliches Verhalten ein, ohne dass er es merkt. Im Unterschied zu den Tieren hat er lernen müssen, seine Triebe zu beherrschen, zum Beispiel nicht jedem Pinkeldrang gleich nachzugeben. Die Sauberkeitserziehung ist ein hartes Stück Arbeit, und sie hinterlässt in jedem Fall Spuren in der Psyche des Menschen. Je nachdem wie streng sie verlief, kann sie sogar zu seelischer Krankheit führen. Bei psychischer Krankheit arbeitet das Unbewusste oft in zerstörerischer Weise gegen das Bewusstsein.

> **DIE ANALYSE-COUCH**
>
> Man spricht von Sitzung, obwohl der Patient meist auf einer Couch liegt. Im Liegen kann er sich besser entspannen und seinen Gedanken freieren Lauf lassen. Deshalb sitzt der Analytiker in der Regel hinter seinem Patienten. Die berühmteste unter den Analyse-Couchen ist die von Sigmund Freud. Obwohl er vor allem in Wien praktizierte, steht die Couch heute in London, wo er nach seiner Flucht aus dem nationalsozialistischen Österreich lebte. Die Couch sieht mehr wie ein Diwan aus, der mit orientalischen Teppichen behängt ist. Im Film sind Analyse-Couchen dagegen gerne aus schwarzem Leder.

und schreie und falle tiefer und immer tiefer. Ich rudere mit den Armen, wie ich es von Superman kenne, weil ich fliegen will. Doch es nützt nichts. Dann wache ich auf.«

»Soso«, sagt der Analytiker nun. »Da hast du also einen typischen Fall-Traum gehabt! Fallträume stellen sich immer dann ein, wenn wir Angst vor dem Verlust von Sicherheit haben, wenn wir uns nicht mehr geborgen fühlen. Wir haben dann häufig das Gefühl, dass uns der Boden unter den Füßen weggezogen wird. Ich schätze, du stehst gerade kurz vor dem Wechsel auf eine weiterführende Schule. Dadurch bist du tief verunsichert. Du denkst, du müsstest Superman sein, um das zu schaffen.«

»Aha«, entgegnet der Junge. »Jetzt ist mir einiges klar. Das hat mir sehr viel weitergeholfen. Vielen Dank für dieses aufschlussreiche Gespräch.«

Eine solche Analyse-Sitzung ist natürlich barer Unsinn. Ein Kind, das so altklug redet wie dieser Junge, kann nur eine Erfindung sein, und ein Analytiker, der so redet wie dieser, erscheint verdächtig naiv. Außerdem würde kein Analytiker ein Kind auf der Couch behandeln. Für Kinder gibt es andere Behandlungsmethoden, etwa die Spieltherapie. Ein guter Analytiker wird auch niemals nach der Erzählung eines Traumes von einer Person, die er nicht kennt, sofort eine Deutung abgeben. Eine einzelne Analyse-Sitzung schadet nicht, aber sie ist völlig unsinnig. Analysen gehen meist über viele Jahre. Und sie verlaufen nicht so, dass der Analytiker erklärt, wie man Träume verstehen muss oder wie Angst oder Sucht funktionieren, während der Analysand sich die Sache staunend anhört. Im Gegenteil: Der Analytiker sollte ein guter Zuhörer sein. Er hört, überspitzt gesagt, seinem Analysanden manchmal sogar noch beim Schweigen zu. Der Analytiker ist von Berufs wegen verschwiegen. Er leitet den Patienten zu eigenen Überlegungen an und dazu, frei zu assoziieren, also mit den Gedanken spazieren zu gehen. Denn der Schlüssel zu den Traumbildern liegt ja in der Person des Träumenden selbst.

Es gibt keine Standard-Traumdeutungen, die für alle gültig sind. Man kann sich vorstellen, dass es einen erheblichen Unterschied macht, ob Pippi Langstrumpf davon träumt, wie sie ein Pferd in die Höhe hebt, oder ob die kleine Tina diesen Traum hat. Bei Pippi wäre es ein realistischer Traum, weil sie ja ohnehin ihr Pferd über die Verandabrüstung hebt. Bei Tina wäre, ähnlich wie bei uns Nicht-Romanfiguren, derselbe Traum eine seltsame und phantastische Geschichte. Die Frage ist also, welche Bedeutung haben ein tragbares Pferd und ein pferdetragendes Mädchen bei verschiedenen Träumenden. Der Träumer hat nicht nur die Traum-, sondern auch die Deutungshoheit.

Was soll bloß diese Angst vor der Blamage?

Dass Träume überhaupt verschlüsselt sind, ihren Sinn nicht gleich offenbaren, ist schon merkwürdig genug. Wozu soll solche Geheimhaltung gut sein? Jeder ist doch mit seinen Träumen allein. Weit und breit niemand, vor dem man sich blamieren könnte. Sigmund Freud fand dennoch Gründe für die Geheimsprache der Träume. Er erkannte die wichtigste Leistung der Träume in einer großen Aufgabe: der Wunscherfüllung des Träumenden. Das macht die ganze Sache noch undurchsichtiger, als sie eh schon ist. Warum sollte man seine Wünsche vor

> **TRAUMLEXIKA**
>
> Es gibt Unmengen von Traumlexika. In den schlechten steht drin: Die Spinne ist ein Symbol für die Mutter, die Schlange für den Vater, Flug-Träume sind sexuelle Träume, Träume, in denen man als Mann Frauenkleider trägt, deuten auf Probleme mit dem eigenen Geschlecht hin. Das beste Traumlexikon ist das, das vor sich selber warnt. Denn es gibt keine festen Traumvokabeln. Ein Traumübersetzer muss vor allem viel über den jeweiligen Träumenden wissen, um die Symbole zu deuten.

sich selber verbergen? Und wieso träumt man nicht andauernd seine Weihnachtswunschzettel rauf und runter: vom Fahrrad, vom Surfbrett und von der tollen Jacke? Und dann – der Traum macht's möglich – aufgewacht und Bescherung ist!

Träume können zwar durchaus von solchen Wünschen handeln: Im Traum bekommt man vielleicht auch mal den Basketball oder den Disc-Man geschenkt. Aber welcher Wunsch soll sich denn bloß hinter peinlichen Träumen oder Angstträumen verbergen? Freud zeigt in seinen Traumanalysen, mit welcher Raffinesse der Traum vorgeht, um unangenehme Wünsche zu maskieren. Er sagt, der Traum wahrt eine höfliche Oberfläche, aber darunter schlummern weniger freundliche Gefühle.

Das kann man sich schwer vorstellen. Also schauen wir uns ein Beispiel an, das Freud in seinem wichtigsten Buch »Die Traumdeutung« nennt. Wenn Freud eigene Träume beschreibt, dann betrachtet er auch immer die Erlebnisse des Vortages. Diesmal war Folgendes geschehen: Sigmund Freud hört, dass seine Ernennung zum Professor vorgeschlagen wurde. Dann besucht ihn ein befreundeter Kollege, der ebenfalls seit längerem zum Professor befördert werden soll. Gerade hat er jedoch erfahren, dass er sich keine Hoffnungen zu machen braucht. Er erklärt das mit seiner Religion. Da Freud genauso wie sein Kollege Jude ist, muss er für sich selber die gleichen Hinderungsgründe annehmen. Dies ist die Vorgeschichte. Freuds Traum in der darauffolgenden Nacht ist kurz und bündig. Er träumt, der Kollege sei sein Onkel, und er selber empfinde große Zärtlichkeit für ihn.

Dieser Traum erscheint rätselhaft, aber Freud kommt sich selber auf die Schliche. Zunächst muss er allerdings einen Widerstand überwinden, sich überhaupt mit dem Traum zu beschäftigen. Vielleicht schon ein erster Hinweis dafür, dass der Traum etwas zu verbergen hat? Freud erinnert sich nun, dass sein Vater seinen Onkel einst als Schwachkopf bezeichnete. Doch warum stellt er selber im Traum nun eine Verbindung zwischen »Onkel Schwachkopf« und »Freund Kollege« her? Es könnte der Wunsch sein, sich von dem Kollegen abzugrenzen. Die Traumaussage lautet: Er wird deshalb nicht Professor, weil er ein Schwachkopf ist. Seine Religion hat demnach nichts damit zu tun. Freud deutet dies als einen geschickten Traumtrick. Wenn es also nichts mit der Religion zu tun hat, dass sein Kollege den Titel nicht bekommen hat, dann ist für Freud selber die Aussicht auf die Professoren-Ernennung noch nicht verbaut. Er kann also an seiner Hoffnung festhalten.

Aber warum nur empfindet er im Traum große Zärtlichkeit für seinen Kollegen, für den er normalerweise freundschaftliche Gefühle hegt? Die Zärtlichkeit wird wie rosa Himbeersoße über den Traum gegossen. Im Traum wird der Freund als Schwachkopf geschmäht. Um diesen bösen Akt zu verbergen oder zur Wiedergutmachung seiner unfreundlichen Gefühle begegnet ihm der Träumende nun voller Zärtlichkeit. Diese Maskerade, mit der uneingestandene Wünsche schöngeschminkt werden, gehört zu dem, was Freud als Traumarbeit bezeichnet.

Freud sagt, ganz im Gegensatz zu den großen Traumdeutern früherer Zeiten: Ein Traum bezieht sich nicht auf die Zukunft. Er warnt weder vor Hungerkatastrophen, noch bestellt er feine Sachen im Versandhaus. Der Traum weist in die andere Richtung, in die Vergangenheit, in die Kindheit. In ihm

> **TRÄUMEN IST ARBEIT**
>
> Der Traum spielt Verstecken, allerdings ist sein Versteckspiel Arbeit. Der Traum macht sich viel Arbeit, die Fährte zu verwischen oder falsche Spuren auszulegen, das meinte Freud, als er von Traumarbeit sprach. Ob er wusste, was für eine Arbeitsbeschaffungsmaßnahme er damit in Gang setzte? Bald war nichts mehr sicher vor dem Wort Arbeit: Beziehungsarbeit ist, wenn ein Paar sich über sich unterhält, Trauerarbeit ist, wenn man um einen lieben Menschen trauert – und wie wär's mit Lacharbeit zur Gesundheitsvorsorge?

äußern sich unerfüllte Wünsche oder unterdrückte Triebe, und darauf führte Freud alles zurück, die Sexualität des Menschen. Im tiefen dunklen Keller der menschlichen Psyche hat sich manches angesammelt, von dem der Mensch nichts ahnt und ahnen will. Das Unbewusste enthält eine riesige Sammlung von Erlebnissen und Bildern, zum Beispiel solchen, die man nicht richtig wahrgenommen hat, weil sie gleichzeitig mit vielen anderen Eindrücken auf einen einströmten. Oder solchen, zu denen man sich nicht bekennen kann, weil sie einem verboten sind. Und dann wieder solchen, die so unangenehm oder so schmerzhaft waren, dass man sie einfach ganz schnell vergessen hat.

Aus dieser Sammlung lassen sich die Träume immer wieder Bilder oder Gefühle kommen. Im Traum können also Erlebnisse auftauchen, an die man sich niemals bewusst erinnert hätte. Aber das sind nicht die einzigen Quellen, aus denen der Traum schöpft. So kann man etwa von Wasser träumen, wenn man nachts großen Durst hat, dem Fiebernden kann im Traum eine Wüstenexpedition blühen, oder der frierende Schläfer macht eine Reise zum Nordpol mit. Das kommt einem ja geradezu untraumhaft einfach vor! Auch anderes scheint völlig unverschlüsselt zu sein: Im Traum tauchen Personen auf (wie jener Kollege Freuds), mit denen man am vorherigen Tag zusammen war oder an die man vielleicht auch nur gedacht hat. Es tauchen Dinge auf, die einen beschäftigt oder gestört haben, und Erlebnisse, die man kurz zuvor hatte. Freud nannte diese Elemente Tagesreste.

> **DER GROSSE VERDREHER**
>
> Man kann von einer Frau Wick träumen, indem sie einem wie die echte Frau Wick begegnet. Frau Wick kann sich jedoch im Traum auch mühelos in ein Hustenbonbon verwandeln. Dann klebt sie vielleicht in der Hand. Und man empfindet das als unangenehm, gerade so unangenehm, wie einem die echte Frau Wick vielleicht vorkommt. Der Traum setzt Worte in Bilder um und umgekehrt.

Steckt das geliebte Häschen im Tigerkostüm?

Solche Tagesreste erscheinen zunächst leicht entschlüsselbar, weisen sie doch auf die Mathearbeit, den Freund, der etwas Doofes gesagt hat, oder einen Film, den man gerade gesehen hat. Sie können es jedoch in sich haben, denn sie müssen die Geschehnisse des Vortages nicht einfach wiederholen. Die Mathearbeit verbündet sich im Traum plötzlich mit Angsterlebnissen aus dem unbewussten Archiv, und auch den Druck in der Blase nimmt sie auf. Heraus kommen dann manchmal so lächerliche Kombinationen wie diese, die man sich kaum zu erzählen getraut: Ich sitze auf der Toilette und suche die Wände nach Zahlen ab. Dort sollen die Ergebnisse der Mathearbeit stehen. Die Lehrerin hat es doch gesagt. Ganz sicher. Aber dann kommen mir wieder Zweifel, vielleicht habe ich ja auch schon diesen Hinweis nicht richtig kapiert. Vor mir sehe ich nur Peace-Zeichen, Liebeserklärungen und blödes Geschmiere. Fieberhaft suche ich die Zahlen, aber ich finde sie nicht.

Die Vermischungen und Verknotungen machen es oft schwer, den Träumen auf die Spur zu kommen. Oft legen sie Spuren in eine falsche Richtung (zum Beispiel Freuds zärtliche Gefühle für den Freund). Im Traum kann eine Person auftauchen, die wie die Mathelehrerin aussieht, aber ansonsten nichts mit ihr gemein hat. Man verbindet auch ganz andere Gefühle mit ihr als mit der wirklichen Mathelehrerin. Es kann aber umgekehrt ebenfalls passieren, dass eine Person auftritt, die zwar keinerlei Ähnlichkeit mit dem eigenen Vater hat, aber genau die Gefühle auslöst, die der Träumende mit ihm verbindet. Personen und Dinge im Traum sind manchmal so sehr Trugbilder, dass sogar der Träumende selbst in der Maske stecken und eine völlig andere Gestalt angenommen haben kann.

Auch einem Tiger muss man im Traum misstrauen. Er sieht vielleicht aus wie ein Tiger, zeigt seine Zähne wie ein Tiger, doch tief in ihm drin steckt vielleicht nur ein niedliches Häschen. Nehmen wir einmal Folgendes an: Du bist stolzer Besitzer eines solchen Häschens. Du hast es womöglich gegen den Widerstand deiner Mutter durchgesetzt. Sie mag Tiere nämlich nicht besonders und fürchtet, dass Füttern und Stall ausmisten bald an ihr hängen bleiben. Das Häschen und du, ihr seid momentan noch in der Gewöhnungsphase. Am Tag vor dem Tigertraum hast du es gerade liebevoll gestreichelt und deine Nase in sein weiches Fell gestupst, als es dich einfach – zack – kräftig in den Finger gebissen hat. Du warst danach ziemlich geschockt, wie es jeder wäre, der ein anderes Wesen mit zärtlichen Gefühlen bedenkt und daraufhin so bissig behandelt wird. Du hast dann beschlossen, deiner Mutter nichts davon zu erzählen, schließlich könnte sie auf dumme Gedanken kommen und das Häschen wieder verschwinden lassen.

Schon einen Verdacht in Bezug auf den Tigertraum? Ganz genau. Im Traum hat sich das Häschen in einen Tiger verwandelt. Diese Verwandlung erscheint nun gar nicht mehr so unmöglich, denn zum einen hat sich das Häschen fast wie ein Raubtier verhalten, zum anderen geht die Gefahr nun praktischerweise vom Tiger und nicht vom Häschen aus. Die Liebe zu ihm muss also nicht darunter leiden, und auch die Angst, das Häschen könnte einem weggenommen werden, scheint gebannt.

Der Traum ist also sehr geschickt. Er arbeitet dem eigenen Wunsch zu, das Häschen weiter lieben zu können und es nicht abgeben zu müssen. Deshalb träumt man nicht von einem bestialischen Hasen, sondern von einem gefährlichen Tiger. Das süße Häschen, das man liebt und für das man nun mal sorgen muss, kommt unbeschadet davon. Man kann es also in Ruhe weiter streicheln und weiter lieben, und wenn es noch so beißwütig ist.

SYMBOLE

Ein Symbol, das Wort kommt aus dem Griechischen und bedeutet Wahrzeichen oder Merkmal, ist eine sichtbare Figur oder ein Ding, die oder das auf etwas Nicht-Sichtbares hinweist. Wie die Krone auf die Macht, das Herz auf die Liebe oder die Sanduhr auf die Vergänglichkeit. Symbole lassen sich aber nicht wie Vokabeln übersetzen, wie jedes bildliche Zeichen werden sie von den Vorstellungen jedes Einzelnen belebt. Symbole lassen also beides zu: allgemeine, aber auch ganz individuelle Deutungen.

Der Traum spricht seine Botschaften nie deutlich aus, er äußert sich nicht in klaren Worten oder Bildern. Er spricht nicht die Sprache des Tages. Oft muss man ihm um viele Ecken hinterherlaufen, um ein klein wenig von ihm zu erwischen. Der Traum kennt auch kein Richtig oder Falsch, er kann das eine so gut wie sein genaues Gegenteil behaupten, er kennt kein Logisch oder Unlogisch, er hält sich nicht an die Gesetze von Raum und Zeit. Es wird einem richtig schwindlig im Kopf, wenn man sich das nur vorstellt.

Man kann also großen Respekt vor Sigmund Freud haben, der den Traum und seine Tricks so hartnäckig verfolgte und untersuchte. Die knallharten Beweise für seine Traumdeutung konnte er allerdings nicht antreten. Er hatte zwar viele Behandlungserfolge, aber welchen Anteil nun die große Persönlichkeit des Arztes und welchen seine Lehre daran hatte, allein schon darüber war man sich sehr bald uneinig. Auch die Psychoanalytiker fanden nicht alle Freuds Ideen einleuchtend. Einige schlossen sich der Lehre Carl Gustav Jungs an.

Für ihn hat der Traum eine andere Aufgabe als für Freud. Bei Jung hat der Traum nichts zu verbergen, er führt keine Maskerade auf. Im Traum kann man sich ein anderes Ich erträumen, jemand ganz anderes sein. Der Traum liefert dem Träumer aber auch einen hilfreichen Kommentar. Sein Sprecher ist der universale Mensch, der laut Jung in jedem Einzelnen schlummert, eine Art Allesblicker. Jung war der Meinung, dass die Erfahrungen und das Erbe der gesamten Menschheit im Unbewussten jedes Menschen ein Zuhause haben. Das heißt nicht, dass man nun keinen Schulstoff mehr lernen muss, weil man ohnehin schon alles weiß. Aber in jedem gibt es angeblich eine Art Urwissen und ruhen Bilder, man nennt sie Symbole, die über die Zeiten hinweg ihre Bedeutung behalten. So ein Symbol ist der Löwe, er steht für Macht und Körperlichkeit. Im Unbewussten jedes Menschen gibt es allgemein menschliche, aber auch persönliche Anteile.

Nach den Abgründen und geheimen Wünschen, die Freud im Traum entdeckte, kam der Traum mit Jung wieder auf eine fast göttliche Ebene. Ob man den Traum nun als Nachricht der Götter betrachtet, wie in der Antike, oder als Botschaft einer wissenden inneren Stimme, wie bei Jung, beides ist gar nicht so weit voneinander entfernt. Freud und Jung lagen jedoch in ihren Deutungen weit auseinander. Man könnte sich also abends beim Zubettgehen im Scherz fragen: »Werde ich heute Nacht wohl mit Freud oder mit Jung träumen?« Während Freud und Jung Träume ähnlich wie ein Gedicht enträtselten, gab es jedoch bald Wissenschaftler, die sich dem Traum ganz anders näherten. Es begann die Zeit der Schlaflabors.

Wie gut träumt man im Labor?

Schlaflabor klingt lustig, aber es klingt toller, als es in Wirklichkeit ist. Im Grunde ist das Schlaflabor wie ein Krankenhauszimmer mit Messgeräten und Monitoren. Gibt es denn wirklich Apparate, die man ans Gehirn anschließt und die den Menschen draußen an den Monitoren zeigen, was für blöde Ge-

---

WAS IST EIN EEG?

Ausgeschrieben heißt es Elektroenzephalogramm und ist ein Verfahren, mit dem man die elektrischen Ströme im Gehirn misst. Dazu bekommt man kleine Elektroden, also Metallteilchen mit Kabeln, an den Kopf, die die Ströme an ein Aufzeichnungsgerät weiterleiten. An den verschiedenen Zacken des EEG erkennt man, ob jemand schläft oder nicht. Besonders stark schlagen die Zacken in der tiefsten Tiefschlafphase aus, am kürzesten und schnellsten sind die Zacken im Wachzustand.

danken man sich gerade drinnen in seinem Kopf macht? Nein, die gibt es nicht. Die Apparate können nur die Schwankungen der Hirnströme feststellen. Dazu muss man wissen, dass Denken, Lachen oder Schlafen im Gehirn mehr oder weniger große elektrische Spannungen oder Wellen auslösen. Wenn man wach ist, sind die Wellen schneller, wenn man tief schläft, sehr viel langsamer. Die Wachwellen heißen Alphawellen, die Schlafwellen heißen Deltawellen.

Aus diesem Zickzack können die Schlafforscher sehr viel ablesen, und dank der unterschiedlichen Zacken haben sie herausgefunden, dass Schlafen nicht immer und überall dasselbe ist. Gut, man muss nicht unbedingt ins Schlaflabor, um zu wissen, dass es sich im eigenen Bett im Grunde besser schläft als in der Schule. Doch im Schlaflabor hat man andere wichtige Dinge herausgefunden, zum Beispiel dass Schlaf richtig aufregend sein kann. Wer schläft, kann die Augen rollen wie ein Monster in einem Stummfilm. Oder die Augäpfel so hin- und herbewegen, als hätten sie die Verfolgung eines gedopten Uhrenpendels aufgenommen. Da kann man noch froh sein, dass die Leute dabei die Lider hübsch geschlossen halten, sonst bekäme man es mit der Angst zu tun. Bei den Menschen kommen solche Phasen heftiger Augenbewegungen in der Nacht zwischen vier- und sechsmal vor, und zwar im 90-Minuten-Rhythmus. Da lohnt es sich also auch, der Sache einen Namen zu geben: Immer wenn jemand schnell einen Namen braucht und sich den Kopf nicht lange zerbrechen will, nimmt er einfach die nächste beste Abkürzung. Jetzt heißt diese Schlafphase: REM-Schlaf, nach Rapid Eye Movement, das ist Englisch und heißt schnelle Augen-

---

KÖNNEN BLINDE TRÄUMEN?

Man stellt sich Träume wie einen Film vor. Wie sieht dann seine Übersetzung für Blinde aus? Man hat herausgefunden, dass Blinde, die erst im Schulalter erblindet sind, sich noch lange an die Bilder von früher erinnern und sie in ihren Träumen wachrufen. Wer von Geburt an blind ist, erzählt seine Träume nicht viel anders als die Sehenden. In den Träumen der Blinden geht es ebenfalls um Stimmungen, Gefühle und Erlebnisse, die sie auch mit ihren anderen Sinnen haben können.

bewegung. Für die Zeiten zwischen diesen wilden Schlafphasen fiel den Wissenschaftlern noch weniger ein. Sie nannten sie den Non-REM-Schlaf, also den Keine-Schnelle-Augenbewegungs-Schlaf.

Ist der Traum eine Reinigungs-Fachkraft?

Bald stellten die Forscher fest, dass man in den REM-Phasen heftig träumt. Und sie stellten noch mehr fest, dass nämlich Babys am meisten von allen träumen. Denn der Schlaf im Mutterbauch ist von den meisten REM-Phasen durchzogen. Aber viel mehr, als dass Babys ihre Augen heftig bewegen und ihr EEG entsprechend nach oben und unten ausschlägt, weiß man nichts über ihre Träume. Wie nämlich kann man träumen, wenn man noch keine Bilder und keine Sprache hat? Träumt das Baby von Schluckaufs, vom Schwimmen, vom Nuckeln, vielleicht von Enge oder Bewegung? Schwer vorstellbar, was ein Ungeborenes so umtreibt. Es hat ja noch nicht die leiseste Ahnung von all den Teddybären, Entzückensschreien, Badeenten und Krabbelgruppen, die draußen auf es warten.

Fast immer, wenn ein Schläfer am Ende einer REM-Phase im Schlaflabor geweckt wurde, konnte er einen Traum erzählen, bei acht von zehn Schläfern war das so. Lange Zeit glaubte man darum, es verhalte sich so: REM = träumen, Non-REM = nicht träumen. Doch irgendwann ergriff die Schlafforscher die Weckwut, und sie begannen die Schläfer auch aus den Tiefschlafphasen zu

> **TRAUMZEITEN**
>
> Selbst ein völlig nüchterner und tatkräftiger Mensch verträumt etwa ein Drittel seines Lebens. Diese Zeit ist nämlich in einem Menschenleben für den Schlaf reserviert. Und wer schläft, träumt ja auch, so sagt die neuere Schlafforschung. Mit den schöneren intensiven REM-Träumen verbringt man nur ein Fünftel der Schlafenszeit. Zusammengenommen sind das etwa fünf Jahre.

holen. Ergebnis: Die meisten brachten daraus ebenfalls einen Traum mit.

In der Tiefschlafphase träumt man jedoch, so notierten die Forscher, anders als im REM-Schlaf. Die Aufgeweckten erzählten aus dem Tiefschlaf Träume, die mehr der Wirklichkeit und der wachen Art des Denkens entsprechen. Die phantasievolleren und gefühlsbetonteren Träume bringt der REM-Schlaf.

Nachdem man den Traum erst mal an seinen EEG-Zacken gepackt hatte, machte man sich gleich daran, auch Freud die Krone des genialen Traumdeuters vom Kopf zu reißen. Die Trauminhalte, höhnte der Teil der Schlafforscher, der nur das glaubt, was auch gemessen werden kann, haben überhaupt nichts zu bedeuten. Träume setzen sich ihrer Ansicht nach so zufällig zusammen wie die Bilderreihen bei Spielautomaten. Träume haben nur einen einzigen Sinn, sagten andere: Sie helfen, die Festplatte des menschlichen Gehirns zu putzen. Der Traum ist praktisch der Schaum, mit dem das Gehirn sich selber reinigt. Träumen ist nicht mehr als Gehirnjogging, auch so eine Theorie.

Wie schlafe ich mich klug?

Ernsthaft untersucht wurde nun nicht der Traum, sondern vor allem der Schlaf. Im Schlaf braucht der Körper nur die Hälfte der Energie des normalen Tagesbedarfs. Dafür wird das Gehirn mehr durchblutet, es arbeitet dann so angeregt wie am Tag, wenn wir eine kreative Arbeit tun, zum Beispiel ein Geburtstagsbild malen, ein Legohaus bauen oder ein Automodell entwerfen. Der Schlaf ist also nicht nur

---

SCHLAFEN FÜR MATHE

Wissenschaftler der Tübinger Universität haben in einer Studie an 1100 Drittklässlern herausgefunden, dass Kinder mit vergrößerten Mandeln schlechtere Schulnoten haben. Das Schulproblem stellt sich nicht im Schul-, sondern im Nachtschlaf. Wenn Kinder nachts regelmäßig schnarchen, ist das ein Zeichen für gestörten Schlaf. Also sind die Kinder tagsüber weniger konzentriert. Das macht sich vor allem im Matheunterricht bemerkbar. Also gibt es sie doch, die Schulprobleme, die sich im Schlaf lösen lassen!

für den Körper, sondern auch für das Gehirn wichtig. Doch was gibt er dem Gehirn, wenn er ihm noch nicht einmal Ruhe gönnt? Im Schlaf sammelt man Kräfte, das weiß jeder. Aber das ist längst nicht alles. Für die rein körperliche Wiederherstellung bräuchte man nämlich viel weniger Ruhezeit. 1965 hat ein 17-Jähriger einmal einen Nicht-Schlaf-Weltrekord aufgestellt: Er blieb elf Tage wach. In der ersten Viertelstunde des zwölften Tages versank er in tiefen Schlaf. Als er nach 15 Stunden aufwachte, war er körperlich wieder absolut fit.

Wenn er das Experiment weitergeführt hätte, wären vermutlich andere Probleme auf ihn eingeströmt. Denn wer über einen längeren Zeitraum unter Schlafmangel leidet, auf den können psychische Störungen, Ängste, Wahnvorstellungen und Depressionen zukommen. Und es besteht Grund zum Verdacht, dass das auch mit dem Traummangel zu tun hat.

Jedenfalls ist sicher, dass der Schlaf während der REM-Phase große Bedeutung für die Erholung des Gehirns hat, dass er für die Konzentration und die Lernfähigkeit besonders wichtig ist. Nach einem Marathonlauf oder anderen körperlichen Anstrengungen werden eher die Tiefschlafphasen ausgedehnt. Sie stellen den Schläfer körperlich wieder her und helfen, Erlerntes vom Tag einzuüben. Das weiß man von den Ratten. Man hat sie im Labor beobachtet, ihre Hirndurchblutung gemessen und festgestellt, dass ihre Gehirnzellen im Tiefschlaf Erregungsmuster wiederholen, die man auch im Wachzustand an ihnen bemerkt hatte. Während der Tiefschlafphase wurden die Muster schwächer und schwächer, nach dem REM-Schlaf waren sie plötzlich wieder stärker. Der Schluss liegt also nahe, dass die leichte Schlafphase das Gehirn wieder fit macht. Auch beim Wachsen und Erneuern des Gehirns hilft sie vermutlich, das wäre eine Erklärung für die häufigeren REM-Phasen der Babys. Menschen, bei denen der normale Rhythmus aus leichtem und tiefem Schlaf gestört ist, haben oft Probleme mit dem Lernen. Das ist es, was wir uns eigentlich immer gewünscht haben: Wir lernen im Schlaf.

Und die Träume sind wohl doch nicht, wie manche Hirnforscher dachten, der bare Unsinn oder vom reinen Zufall erfunden. Ein britischer Arzt und Wissenschaftler hat Menschen mit Hirnschädigungen untersucht. Manche von ihnen träumten nicht mehr. Bei ihnen funktionierten Teile des Großhirns nicht: der eine nicht-funktionierende Teil hatte für die Vorstellung von Bildern zu sorgen, der andere eine Aufgabe im menschlichen Belohnungssystem zu erfüllen, er war damit für die Wünsche zuständig. Dass mit diesen Hirnfunktionen auch die Träume ausfallen, kommt Freuds Idee vom Traum als Wunscherfüllung sehr nahe.

Träumen Mädchen anders als Jungen?

Würde man einen Traumtiere-Zoo zusammenstellen, dann könnte er zwei Eingänge haben – einen für Jungen und einen für Mädchen. Die Mädchen würden in den Streichelzoo für Traumtiere gehen, die Jungen würden die wilden Traumtiere besuchen. Besonders im Alter von zehn Jahren gehen Kinder in diesem Zoo ein und aus. Später sind die Tiere nicht mehr ganz so wichtig. 14-Jährige begegnen im Traum eher Freunden und Freundinnen. Jungen träumen zunächst hauptsächlich von Jungen und Mädchen, na, ist doch klar, von Mädchen. Mit zunehmendem Alter kann sich das ändern.

Auch solche Ergebnisse können Untersuchungen im Schlaflabor haben. Man hat Kinder und Jugendliche immer wieder aus dem REM-Schlaf geholt und nach ihren Träumen gefragt, sie aufgeschrieben und nach »Tiger-frisst-ruhig-im-Käfig«, »Tiger-frisst-fast-mich« und »Tigermami-bekommt-Hasenbaby« geordnet. Na ja, eigentlich wurden sie in wirklichkeitsgetreue, erfinderische und phantastische Träume eingeteilt. Man hat festgestellt, dass Kinder ganz anders träumen, als ihr Ruf besagt. Stellen sich die Erwachsenen doch immer vor, dass Kinder nachts die schrecklichsten Träume haben, wilde Märchen erleben, Abenteuer knapp bis ins Bett der Eltern überstehen. Wahre Geisterbahnen, so glauben die Erwachsenen, tun sich in den Köpfen von Kindern auf, während sie äußerlich vielleicht friedlich schlummern.

Ganz anders, ihr Erwachsenen! Kinder träumen, wie sie in die Schule gehen, ihre Freundin abholen, spielen oder ins Schwimmbad gehen, vielleicht wird zur Klavierstunde ab und zu mal ein kleiner Hase oder ein Tiger an der Leine mitgeführt. Aber viel mehr ist nicht. Kinder träumen in der Hauptsache realistisch. Und Kinder träumen anders als Erwachsene. In der Nacht begegnen sich Jungen und Mädchen eher so, wie sie sich in Wirklichkeit sehen. Tagsüber dagegen sehen sie sich viel mehr als diejenigen, die sie sein oder werden möchten. Nachts also Zoobesucher mit Schülerausweis und Eintrittskarte und tagsüber wilder Tigerbändiger oder tollkühne Reiterin im Zirkuszelt.

Warum können wir hören?

Haaaaallo! Kinder!! Wo seid ihr? Wisst ihr eigentlich, wie spät es ist? Habt ihr denn Tomaten auf den Ohren?
Das Gehör von Kindern arbeitet oft sehr merkwürdig. Worte wie »Zähneputzen« erreichen das Hörzentrum vieler Kinder überhaupt nicht. Andere Worte wie zum Beispiel »Gummibärchen« werden dagegen selbst aus großer Entfernung problemlos verstanden.

Rätsel wie diese kann auch der beste Kinder-Uni-Professor nicht aufklären.
Viele andere Geheimnisse des Hörens aber haben die Wissenschaftler mittlerweile entschlüsselt. Warum das Ohr links und rechts unterscheiden kann. Oder warum im Weltraum absolute Stille herrscht. Und auch warum unsere Ohrmuscheln so komisch gewölbt sind, wissen die Forscher mittlerweile.

Was ist eigentlich das Erste, was man als Mensch in seinem Leben hört? Viele denken, dass es die Stimme der Hebamme ist, die »juhu!« und »endlich!« und »supi!« ruft, wenn man auf die Welt kommt. Doch das ist falsch. Der erste Laut, den man in seinem Leben hört, ist der Herzschlag der Mutter.

Das menschliche Gehör entwickelt sich nämlich sehr früh. Im Alter von vier Monaten, wenn man noch tief im Bauch der Mutter steckt, können die Ohren schon Töne empfangen. Allerdings weiß niemand, wie ein Embryo mit seinem nagelneuen Ohr hört. Wahrscheinlich schleichen sich die Töne allmählich in sein Leben ein. Erst der Herzschlag. Dann das Grummeln in Mutters Darm. Schließlich ein paar gedämpfte Stimmen von draußen. Viel anfangen kann der Embryo mit den Lauten noch nicht, die ihn im Bauch erreichen. Er weiß nicht, woher sie kommen und wer sie erzeugt. Aber sie bereiten ihn vor auf den großen Sprung ins Leben und verbinden ihn zum ersten Mal mit der Welt, die ihn draußen erwartet: Melodien, die ein Baby im Mutterleib hört, erkennt es nach der Geburt wieder.

Alles, was das Baby hört, wird über Schallwellen zu ihm gebracht. Schallwellen sind die Boten, die das Ohr mit Nachrichten von allen Ereignissen versorgen, die mit Geräuschen verbunden sind. Wer das Hören verstehen will, muss sich deshalb mit ihnen gründlich beschäftigen. Außer den Schallwellen gibt es noch ein paar andere Boten. Duftstoffe zum Beispiel. Sie schweben durch die Luft und erzählen unseren Nasen Geschichten von alten Strümpfen, nassen Hunden oder Bratkartoffeln mit Spiegelei. Oder Photonen. Diese winzig kleinen Teilchen treffen auf der Netzhaut unserer Augen ein

> **Was macht der kleine Mann im Ohr?** Diese Frage beantwortete in der Tübinger Kinder-Uni der Hals-Nasen-Ohren-Spezialist Prof. Hans-Peter Zenner. Mit Rockmusik und Gewitterdonner begeisterte der Tübinger Mediziner die Kinder im Hörsaal. Mit seinen Erklärungskünsten und seinem Wissen hat er auch bei der Entstehung dieses Kapitels geholfen.

und übermitteln uns Botschaften von den sichtbaren Ereignissen in der Welt. Einem Sonnenuntergang am Meer, einem Ball, der vom Kopf eines Stürmers in ein Tor fliegt.

Man kann sich lange darüber streiten, welches das wichtigste Sinnesorgan des Menschen ist. Muss man gekrault und gestreichelt werden? Eindeutig ja! Deshalb ist der Tastsinn schon mal wichtig. Gut riechen und schmecken können ist aber mindestens genauso wichtig. Oder will jemand in einer Welt ohne Schokolade und Gummibärchen leben? Und was ist mit den Augen? Auf die möchte nun wirklich niemand verzichten. Nichts mehr sehen zu können, ist eine absolute Horrorvorstellung. Blinde werden deshalb von allen bemitleidet, es gibt Leute, die Blinden sogar über die Straße helfen, wenn sie es gar nicht wollen.

Anders ist es mit dem Gehör, hier hält sich das Mitleid seltsamerweise in Grenzen. »Bist du schwerhörig?« So etwas sagt man, wenn man sich ärgert, weil jemand das Gespräch stört oder weil

> **WIE MAN SCHWERHÖRIGEN HILFT**
>
> Schwerhörige können Hintergrundgeräusche nicht mehr so gut ausblenden und nehmen viele hohe Töne nicht mehr wahr. Von einem Satz mit acht Worten verstehen sie manchmal nur sechs, den Rest müssen sie dazudenken. Das ist anstrengend. Erleichtern kann man ihnen das Verstehen, wenn man die Musik ausmacht, das Fenster schließt und darauf achtet, dass nur einer spricht. Lauter reden muss man nicht, denn für Lautstärke sorgt das Hörgerät.

man etwas wiederholen oder besonders deutlich sprechen muss. Nur die Betroffenen wissen wirklich, wie bitter es ist, nicht hören zu können. Sie leben ohne das Zwitschern der Vögel und das Rauschen des Meeres. Nicht einmal den Jubel bekommen sie mit, wenn ihre Mannschaft beim Fußball ein Tor schießt. Vor allen Dingen aber leben sie ohne Unterhaltungen. Sie können nicht einfach mit anderen Menschen reden, wenn ihnen danach ist.

Die affenähnlichen Vorfahren des Menschen konnten sich auch ohne Sprache verständigen, sie benutzten Brumm- und Zischlaute und machten Zeichen mit ihren Körpern. Im Lauf der Evolution aber wurde die Sprache immer wichtiger. Heute unterhalten sich schon Kinder über griechische Skulpturen, über Sonnensysteme und warum sie ein Ich haben. Das geht nur, wenn man viele komplizierte Wörter benutzen kann und ein Gehör hat, das diese Wörter auch verarbeitet. Schwerhörigen fehlt dieses Gehör, sie tun sich schwer mit den feinen Unterschieden von »g« und »k« oder »d« und »t«, und so verstehen sie viele Sätze nicht. Wenn man sich überlegt, wie oft man mit seinen Freunden telefoniert, begreift man, wie einsam das Leben werden kann, wenn man schlecht oder gar nicht hört.

Warum ein Laut gar nicht laut ist

Um etwas zu hören, braucht das Ohr Schallwellen. Das ist klar. Doch was Schallwellen eigentlich sind, ist weniger klar. Man kann sie nicht sehen, nicht anfassen und auch nicht im Elektroladen um die Ecke kaufen. Jeder weiß, dass Schallwellen entstehen, wenn Michael Schumacher seinen Ferrari auf

Touren bringt, die Berliner Philharmoniker die Fünfte von Beethoven spielen oder der Lehrer sich auf ein Furzkissen setzt. Doch wie die komischen Wellen ins Ohr kommen und was sie da machen, ist ziemlich rätselhaft.

Noch rätselhafter wird das Ganze, wenn man weiß, dass Töne eigentlich gar nicht laut sind. Zwar sehen wir Michael Schumacher in seinem Ferrari und denken, der macht aber Krach. Doch wenn wir es genau nehmen, ist der Ferrari so leise wie ein Fahrrad. Er bewegt sich nur viel heftiger beziehungsweise es bewegen sich die Kolben in seinem Motor. Erst die Luft, unser Ohr und unser Gehirn machen aus den Bewegungen etwas, was wir Geräusch nennen.

TINNITUS

Schall wird durch Wellen übertragen, trotzdem hören Menschen auch in einem völlig schallgeschützten Raum noch etwas: Das leise Sirren oder Pfeifen ist ein Eigengeräusch des Ohres, das normalerweise vom Gehirn herausgefiltert wird. Bei Menschen mit einem Tinnitus (das lateinische Wort heißt übersetzt »Geklirr«) funktionieren diese Filter nicht mehr, sie hören ständig ein Pfeifen, Zischen, Brummen oder Sirren. Ausgelöst wird der Tinnitus wahrscheinlich durch zuviel Stress. Leider kann auch laute Musik zu einem Tinnitus führen, weshalb sogar viele junge Leute schon unter Ohrgeräuschen leiden.

Wie das? Ein Laut, der gar nicht laut ist? Das kann ja wohl nicht sein! Man kann es doch genau hören! Wenn das Furzkissen blubbert, bekommt es die ganze Klasse mit, und der Lehrer setzt sich extra noch einmal drauf, weil es so schön war. Und das soll kein Ton sein?

Um das zu verstehen, müssen wir uns die Sache mit dem Schall ganz genau angucken. Am besten in Zeitlupe. Dann sieht man, wie aus dem Furzkissen die Luft herausströmt und die Öffnung hin- und herschlackert, wie sie vibriert. Vibrationen oder Schwingungen sind für die Ausbreitung von Schall entscheidend. Wenn eine Trommel geschlagen wird, vibriert das Trommelfell. Wenn die Stereoanlage aufgedreht wird, vibriert die Membran des Lautsprechers. Wenn eine Gitarre gespielt wird, vibrieren die Saiten. Und wenn Arnold Schwarzenegger in der Dusche singt, vibrieren seine Stimmbänder und wahrscheinlich sogar die Seife im Seifenbehälter. Aber was Arnie dort erzeugt, ist nur eine Bewegung, kein Ton, keine Melodie. Ein Ton oder ein Lied wird es erst, wenn die Vibrationen in unserem Gehirn angekommen sind und dort verarbeitet werden. Wir werden sehen, dass der Weg ins Gehirn ziemlich abenteuerlich verläuft, auch wenn er mit so großer Geschwindigkeit zurückgelegt wird, dass wir davon überhaupt nichts mitbekommen.

Wie kommt eine Bewegung ins Ohr? Zu Fuß? Per Taxi? Oder mit der Eisenbahn? Natürlich nicht. Bewegungen werden von der Luft transportiert, dieser seltsamen Substanz, die uns ständig umgibt und die wir weder sehen noch fühlen können (außer bei einem Sturm). Die Luft transportiert die Schwingungen von Arnies Stimmbändern ins Ohr. Wie das geht, kann man mit Hilfe des Furzkissens gut erklären. Das Gummi an der Öffnung schwingt auf und ab und drückt dabei jedes Mal die Luft ein wenig zusammen. Einmal oben, einmal unten, wieder oben, wieder unten. Weil die Luft durchsichtig ist, kann man nicht sehen, wie sie zusammengedrückt wird, trotzdem verhält sie sich nicht viel anders als eine dicke Tomatensuppe, in der man mit einem Löffel Wellen macht. Das vibrierende Kissen macht Wellen in der Luft, es presst sie ganz schnell und in einem festen Rhythmus zusammen: Druck nach oben, Druck nach unten, wieder oben, wieder unten. Diese rhythmische Veränderung des Luftdrucks nennt man Schall, und die Schallwellen sind die Druckwellen, die sich rund um eine Schallquelle in alle Richtungen ausbreiten.

Schallwellen rasen praktisch an jedem Ort der Welt in der Gegend herum. Fast immer, wenn Energie frei wird, gerät auch etwas ins Schwingen, mal kurz, mal länger, mal sichtbar, mal unsichtbar. Die Blätter eines Baumes, die aneinander reiben, der Motor eines Autos, der Lautsprecher eines Handys. Die Botschaft von all diesen Ereignissen erreicht uns über Schallwellen. Nur in schallgeschützten Räumen, in Tonstudios zum Beispiel, sind wir einigermaßen sicher vor Schallwellen von außen. Durch sehr dichte Wände kann die Luft ihre Energie nicht weitergeben. Die Schallwellen prallen ab.

Die Zahl der Druckwellen, die eine Druckerzeugungsmaschine namens Furzkissen um sich verbreitet, ist sehr unterschiedlich. Wenn das Kissen sehr häufig hin- und herschwingt, schickt es auch

GEFÄHRLICHE SCHWINGUNGEN

Was Schwingungen in der Luft anrichten können, erfuhren am 7. November 1940 die Erbauer der Tacoma Narrow Bridge. Die Brücke im amerikanischen Bundesstaat Washington war eine der modernsten Brücken ihrer Zeit, doch nur wenige Monate nach ihrer Fertigstellung brach sie plötzlich zusammen. Der Grund waren Schwingungen in der Luft, die in der Brücke ähnliche Schwingungen auslösten. Die Schwingungen in der Brücke verstärkten sich, bis schließlich ein Seil riss und die Brücke in den Fluss stürzte.

> **INFRASCHALL**
>
> Sehr tiefe Töne mit weniger als 16 Hertz können Menschen nicht mehr hören, aber sie können spüren, wie die Schallwellen aus der Luft auf ihrem Körper ankommen. Infraschall werden die unhörbaren Wellen genannt, die als Vibration im Bauch wahrgenommen werden. Manche Tiere verständigen sich sogar mit Infraschall. Mit ihren tiefen Knurr-Tönen können sich Tiger möglicherweise über viele Kilometer hinweg unterhalten.

sehr viele Wellen aus, weil es die Luft oft zusammendrückt. Wenn das Kissen wenig schwingt, sendet es nur wenig Druckwellen aus. Praktischerweise kann man diese Druckwellen zählen und messen. Man nennt sie Frequenzen und misst sie in einer Einheit namens »Hertz«. 1 Hertz (abgekürzt: 1 Hz) bedeutet: 1 Schwingung pro Sekunde. 30 000 Hertz bedeuten: 30 000 Schwingungen in der Sekunde. Hören kann ein Mensch allerdings weder 30 000 Schwingungen pro Sekunde noch eine einzige pro Sekunde. Erst ab 16 Hertz, also 16 Schwingungen pro Sekunde, nimmt unser Ohr einen Ton wahr. Die höchsten Töne, die wir hören können, schwingen etwa 20 000 Mal.

Hoppla! Das ist ja schon das nächste Rätsel! Wieso hört der Mensch Bewegungen mit 30 000 Schwingungen pro Sekunde nicht mehr? Kann das sein? Das bedeutet ja, dass ständig Sachen passieren, die wir gar nicht mitbekommen. Da freut man sich und ist zufrieden, wie still es am Sonntagnachmittag im Garten ist, aber in Wahrheit ist überhaupt nichts still, sondern es herrscht ein Riesenkrach! Etwas pfeift mit 18000 Hertz, und wir hören es. Und dann pfeift es mit 22000 Hertz, und wir hören es nicht. Ist es dann überhaupt ein Geräusch? Langsam wird die Sache mit dem Hören ein wenig mysteriös.

Eines können wir aber schon mal feststellen. Die Dinge, die wenig schwingen, klingen für uns tiefer. Und die Dinge, die mehr schwingen, klingen höher. Man kann das sehr leicht selbst herausfinden, wenn man sich beim Lehrer kurz mal das Furzkissen ausleiht. Wenn man die Öffnung schön in die Länge zieht, wird der Ton höher. Das Gummi schwingt dann viel schneller. Lässt man die Luft locker ausströmen, klingt es ganz tief. Aber warum hören wir denn jetzt manche Schwingungen und manche nicht?

Dazu kommen wir noch. Immerhin wissen wir jetzt schon, dass die Höhe des Tones, den wir hören (wenn wir einen hören), von der Häufigkeit der Schallwellen abhängt. Je mehr Schallwellen unterwegs sind, desto höher ist der Ton. Was wir noch klären müssen, ist das Tempo, mit dem die Schallwellen sich ausbreiten, die Schallgeschwindigkeit.

Diese Geschwindigkeit ist immer gleich und ziemlich hoch. Mit einem Formel-1-Rennwagen können Schallwellen lässig mithalten. Selbst Düsenjets fliegen normalerweise langsamer als der Schall, nur die Kampfjets sind schneller. Sie können vor dem Lärm, den sie mit ihren Triebwerken produzieren, davonfliegen.

HOCHS UND TIEFS

Druckunterschiede in der Luft sind nicht nur für den Schall zuständig, sie bestimmen auch unser Wetter. So befinden sich in den Luftmassen eines Hochdruckgebiets, das uns schönes Wetter bringt, vergleichsweise viele Moleküle, in einem Tiefdruckgebiet dagegen eher wenig, weshalb die Luft aus Hochdruckgebieten immer in Tiefdruckgebiete strömt, und zwar immer entgegen dem Uhrzeigersinn, wie im Wetterbericht schön zu sehen ist. Weil sich die Erde dreht und unterschiedlich erwärmt und weil es regnet oder schneit, gleichen sich Tiefs und Hochs nie aus.

Der Nürburgring der Schallwellen ist aus Eisen

Sagten wir, die Schallgeschwindigkeit ist immer gleich? Dann müssen wir das leider wieder zurücknehmen. Wie Schall weiterkommt, hängt nämlich von der Umgebung ab, in der er sich befindet, vom »Medium«, wie Wissenschaftler sagen. Im Medium Luft breitet sich der Schall mit ungefähr 340 Metern pro Sekunde aus. 340 Meter pro Sekunde, das ist etwa dreimal so schnell wie ein Formel-1-Renner. Aber schon wenn die Luft abkühlt, wird der Schall langsamer: Bei null Grad erreicht er nur noch ein Tempo von 331 Metern pro Sekunde. Mehr als viermal so schnell wie in der Luft bewegen sich Schallwellen dagegen unter Wasser fort. Hier kommen sie auf 1480 Meter pro Sekunde. Noch schneller rasen sie durch Eisenstangen. Bis zu 5800 Meter pro Sekunde werden hier erreicht.

Warum das nun wieder? Können sich die Schallwellen nicht mal auf ein Tempo einigen? Um das zu verstehen, müssen wir noch ein bisschen Physik betreiben und uns mit den Molekülen beschäftigen. Dass die Schallgeschwindigkeit von einem Medium und sogar dessen Temperatur abhängt, hat nämlich damit zu tun, dass Schallwellen über Moleküle weitergegeben werden, den winzigen Grundbausteinen aller festen, flüssigen und gasförmigen Stoffe. Moleküle sind so klein, dass wir sie nicht einmal unter einem normalen Mikroskop sehen können. Trotzdem besteht die Luft auf der Erde ebenso wie das Wasser und alle anderen Stoffe aus Molekülen und ihren noch kleineren Bestandteilen, den Atomen. Es fällt schwer, sich das vorzustellen, weil wir die Moleküle in der Luft mit unseren Augen nicht sehen können. Wir denken, die Luft ist leer. Aber

---

DICKE LUFT IM GLAS

Dass die Luft gar nicht leer ist, sondern voller Moleküle, lässt sich durch ein einfaches Experiment feststellen. Man stopft ein Papiertaschentuch in ein Glas und taucht das Glas dann mit der Öffnung nach unten in eine Schüssel voller Wasser. Zieht man das Glas wieder heraus, stellt man fest: Das Papiertaschentuch ist trocken geblieben. Das Wasser konnte nicht in das Glas hinein, weil es mit Luft gefüllt war.

schon wenn wir eine Luftmatratze aufblasen, merken wir, dass die Luft irgendetwas enthalten muss, sonst würden wir am Ende auf dem harten Boden liegen.

In der Luft und vielen Gasen sitzen die Moleküle nicht so dicht zusammen wie in festen Stoffen oder Flüssigkeiten, und das ist ein Grund dafür, dass der Schall in der Luft nicht so gut weitergegeben wird wie etwa in Eisen. Die Schallgeschwindigkeit hängt nämlich davon ab, wie es den Molekülen in einem Medium geht, wie beweglich sie sind oder wie warm es ist. Im luftleeren Raum, dem Vakuum, kommen die Schallwellen überhaupt nicht weiter. Es entstehen keinerlei Geräusche, und alle Luftmatratzen bleiben leer.

Keinerlei Geräusche, obwohl etwas schwingt? Das ist ja schon wieder so eine komische Geschichte, die genauer studiert werden muss. Robert Boyle hieß der Forscher, der die seltsame Stille im luft-

leeren Raum als Erster entdeckte. Das war im 17. Jahrhundert. Boyle steckte eine Glocke in eine Flasche, pumpte die Luft heraus und schlug die Glocke an. Nichts war zu hören, kein Laut drang aus der Flasche. Für den Forscher war das sicher unheimlich. Schließlich war er, genau wie wir, daran gewöhnt, dass Glocken klingen, wenn sie geläutet werden, und hätte wahrscheinlich auch nichts dagegen gehabt, wenn das so bleibt. Aber leider tat ihm die Glocke den Gefallen nicht, und deshalb müssen wir jetzt tapfer sein und uns mit dem Gedanken anfreunden, dass Geräusche im gesamten Universum eher die Ausnahme sind. Weil im Weltraum kein bisschen Luft vorhanden ist, herrscht dort absolute und ewige Stille, die auch durch die größten Explosionen nicht gestört wird. Ob eine Sonne explodiert oder Luke Skywalker einen Kampfstern zerstört: Die Passagiere eines vorbeifliegenden Raumschiffs hören nichts. Der Weltraum schweigt.

> **BEWEGLICHE KATZEN-OHREN**
>
> Es gibt einige Menschen, die mit ihren Ohren wackeln können und dafür sehr bewundert werden. Mit einer Katze allerdings kann der beste Ohrenwackler nicht mithalten. Mit über 20 Muskeln können sie ihre Ohren in fast jede Richtung lenken.

War der Urknall überhaupt ein Knall?

Auch von der größten Explosion, die es jemals gab, war nie etwas zu hören. Dabei hätte der Urknall, mit dem das Universum begann, das lauteste Geräusch aller Zeiten sein können. Damals wurde immerhin mit einem Schlag alle Energie des Weltraums frei. Tatsächlich verlief der Urknall stumm, denn es gab nichts, worin sich Schallwellen ausbreiten konnten, nicht mal ein einziges Molekül existierte.

Auf der Erde ist zum Glück geräuschmäßig ordentlich was los. Auch hier weiß man allerdings nicht, was das lauteste Geräusch war. Vulkanausbrüche in der Frühzeit der Erde? Der Aufprall eines Meteoriten vor 65 Millionen Jahren? Oder vielleicht die Konzerte von AC/DC? Bei der Hitparade der lautesten Geräusche hätten AC/DC sicher gute Chancen, aber Raketenstarts, Bombenexplosionen oder Vulkanausbrüche wären noch vor ihnen, weil dabei einfach sehr viel mehr Energie in Schall umgesetzt wird. Viel Energie heißt, dass die Luft durch die Schwingungen besonders heftig zusammengedrückt wird, die Wellen, die sich ausbreiten, sind viel größer. Und das bewirkt eine größere Lautstärke. Die Lautstärke, die bei einem Geräusch entsteht, kann man in Dezibel messen. Der Fall einer Stecknadel erreicht 10 Dezibel, eine leise Unterhaltung liegt bei 60 Dezibel, ein Rockkonzert kommt auf 110 Dezibel und ein Düsentriebwerk auf bis zu 150 Dezibel.

Auch hier müssen wir leider gleich wieder »Ja, aber« sagen, denn was wir »hören«, entspricht schon wieder nicht dem, was passiert. Für das menschliche Gehör ist viel entscheidender, welche Tonhöhe ein Geräusch hat und wie weit eine Lärmquelle entfernt ist. Als besonders laut werden mittelhohe Töne empfunden und Geräusche aus der Nähe. Die Musik im Kopfhörer eines Walkmans kann für das Ohr lauter sein als der Start eines Raketentriebwerks in fünf Kilometer Entfernung. Das hängt damit zusammen, dass die Schallwellen, wenn sie sich ausbreiten, kleiner werden. Genau wie bei einem Stein, der in einen See geworfen wird: Zum Ufer hin flachen die Wellen ab.

Wellen im Meer können ganz schön hoch werden. Echte Seebären haben schon welche gesehen, die

100 Meter hoch waren, aber das ist wahrscheinlich ein wenig geflunkert, so viel Kraft hat der schlimmste Orkan nicht. Aber wie ist das mit den Schallwellen? Können sie unbegrenzt groß werden? Gibt es eine Grenze für Krach? Auf diese Frage, die sich mancher verzweifelte Flughafen-Nachbar sicher schon oft gestellt hat, können wir eine beruhigende Antwort geben: Ja. Es gibt eine Grenze. Erstens kann man die Moleküle in der Luft nicht unbegrenzt zusammendrücken. Zweitens gibt es kein Material, das unbegrenzt stark schwingen kann. Und drittens fehlt es an Energie, um etwas so stark zum Schwingen zu bringen. Etwas mehr als 200 Dezibel sind angeblich mal gemessen worden. Aber mehr schafft auf der Erde niemand, auch wenn es immer mal wieder probiert wird – etwa von Schulklassen, wenn der Rektor in der letzten Stunde vor den großen Ferien »Hitzefrei« gibt.

> **HÖREN UNTER WASSER**
>
> Wale können sich unter Wasser angeblich sogar über die Ozeane hinweg unterhalten. Das behaupten einige Forscher. Allerdings müssen sie dabei in Kauf nehmen, dass die Signale ein paar Stunden brauchen, um das andere Ende der Erde zu erreichen. Ausgiebig plaudern auf jeden Fall Delfine miteinander. Sie haben ein großes Repertoire von »Worten«.

Warum müssen Menschen nicht mit den Ohren wackeln können?

Wir haben jetzt über den Schall und die Schallwellen vieles erfahren, wissen aber immer noch nicht, warum manche Frequenzen zu hören sind und manche nicht. Es hat offenbar mit dem Apparat zu tun, mit dem die Schallwellen aus der Luft eingesammelt werden, mit dem Ohr. Eigentlich braucht man nicht viel, um Schallwellen aufzufangen. Ein dünnes elastisches Häutchen, eine Membran, die hin- und herschwingen kann, genügt. Sie fängt die eintreffenden Schallwellen auf wie das Trampolin einen Springer und schwingt dann im gleichen Rhythmus hin und her wie die Schallquelle. Wenn man auf

WARUM KÖNNEN WIR HÖREN? 75

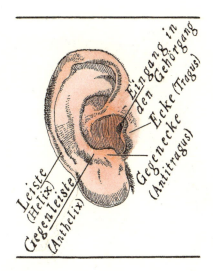

der Membran noch ein paar Nervenzellen befestigt, die das Schwingen ans Gehirn weitergeben, ist das Ohr eigentlich schon fertig.

Tatsächlich funktioniert auch jedes Ohr ungefähr so. Alle Tiere, die hören können, haben irgendwo eine oder mehrere Membranen, die auf anfliegende Schallwellen reagieren. Bei Heuschrecken befindet sich die Membran am Bein, Fische haben sie im Inneren des Körpers. Allerdings hat sich die Natur im Lauf vieler Millionen Jahre einiges ausgedacht, um das Hören zu verfeinern. Im menschlichen Ohr befinden sich gleich sechs Häutchen, die alle ins Schwingen kommen, wenn Schall eintrifft, und zusätzlich drei Knochen, die auch noch schwingen. So kann das Gehirn aus den anfliegenden Schallwellen das Optimale herausholen. Untergebracht ist die schwingende Truppe beim Menschen in zwei hintereinander liegenden Höhlen, der Mittelohr- und der Innenohrhöhle. Die Gehörgang verbindet die Höhlen mit der Außenwelt.

STÄBCHEN WEG VOM SCHMALZ!

Im vorderen Teil des Gehörgangs bildet sich ständig eine seltsame Substanz, das Ohrenschmalz. Es entsteht, weil winzige abgestorbene Hautzellen aus dem Inneren des Ganges nach außen transportiert werden müssen. Das Ohrenschmalz befördert diese alten Hautzellen wie auf einem Schmierfilm nach draußen und ist sehr nützlich. Mütter sollten ihn deshalb nicht mit Wattestäbchen entfernen. Und Kinder, die entschmalzt werden, sollten mit diesem Buch sofort zu ihren Eltern gehen und sie warnen.

Verglichen mit den Ohren von Hunden, Katzen oder afrikanischen Elefanten, machen Menschenohren auf den ersten Blick nicht viel her. Die meisten Leute können ihre Ohren nicht einmal bewegen. Dabei sind große und bewegliche Ohren sehr praktisch, weil man mit ihnen die Schallwellen sehr gezielt auffangen und in den Gehörgang leiten kann. Mit ihren beweglichen Ohren können Katzen sogar hören, wenn in zehn Meter Entfernung eine Maus vorbeiläuft. Und sie wissen sehr genau, wo sich die Maus befindet.

Zum Glück ist es für Menschen nicht so wichtig, den genauen Aufenthaltsort aller Mäuse in der Umgebung zu kennen. Sie können deshalb auf bewegliche Ohren verzichten. Aber auch die menschlichen Ohrmuscheln haben eine wichtige Funktion. An den sonderbaren Wölbungen prallt der Schall ab. Weil Schall, der von oben kommt, etwas anders ab-

---

DAS TROMMELFELL

Bei heftigem Lärm oder plötzlichen Schlägen auf das Ohr kann das Trommelfell platzen oder reißen. Man hört dann auf dem betroffenen Ohr mit einem Schlag sehr viel schlechter. Ärzte können das Trommelfell aber wieder flicken. Sie machen hinter der Ohrmuschel einen Schnitt, nehmen eine feine Deckhaut von einem Muskel des Körpers und setzen sie ins gerissene Trommelfell ein. Ein ganz kleines Loch im Trommelfell wächst sogar von allein wieder zusammen, wenn die Hautfetzen nicht abgerissen sind.

prallt als Schall, der von unten kommt, kann das Gehirn die Richtung ausrechnen, aus der die Schallwellen kommen. Perfekt funktioniert dieses Ortungssystem allerdings nicht, wie jeder bei einem Test mit verschlossenen Augen leicht herausfinden kann. Oben und unten sind nicht so leicht auseinander zu halten. Auch vorn und hinten zu unterscheiden, fällt schwer.

Einfacher ist es, linke oder rechte Schallquellen zu orten. Hier kann das Gehirn aus der kleinen Zeitverzögerung, mit der ein Signal beim entfernter liegenden Ohr eintrifft, errechnen, wo sich die Quelle eines Geräusches befindet. Je höher die Frequenz und der Ton sind, desto besser funktioniert diese Ortung. Wo die kleine Schwester schreit, weiß jeder sofort. Doch wo sich der Vater mit seinem tiefen Bass herumtreibt, ist nicht so leicht zu erkennen. Bässe sind nicht zu orten. Bei modernen Stereoanlagen gibt es deshalb für die Bässe eine besondere Box, den Subwoofer, den man überall im Wohnzimmer unterbringen kann.

> **MITTELOHRENTZÜNDUNG**
>
> Durch eine Röhre, die das Mittelohr mit der Nase verbindet, können manchmal Bakterien ins Ohr gelangen. Im Mittelohr vermehren sie sich, bis der Körper Abwehrzellen in Marsch setzt. Beim Kampf der Bakterien gegen die Abwehrzellen entsteht Eiter, der von innen gegen das Trommelfell drückt. Das ist sehr schmerzhaft. Mittelohrentzündungen gehen meistens von allein weg, manchmal muss der Arzt sie aber auch mit Nasentropfen und Antibiotika behandeln.

Hauptsache Membran

Die Ohrmuschel ist ein Teil des äußeren Ohrs, zu dem die Wissenschaftler auch den Gehörgang zählen, obwohl der gar nicht außen liegt, sondern ins Innere des Kopfes führt. Er ist ein wenig gebogen und gerade groß genug, um mit dem kleinen Finger darin zu bohren. Im Gehörgang werden die Schallwellen verstärkt wie Rufe in einem Tunnel. So können sie sich am Ende des Gangs mit Karacho in die erste Membran stürzen, das Trommelfell. Diese Membran, die nicht mal ein zehntel Millimeter dick

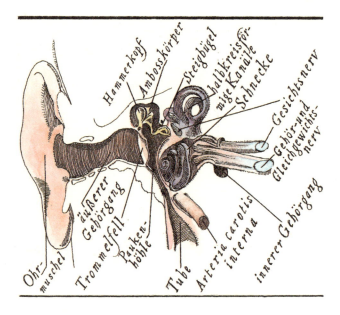

ist, schließt den Gehörgang ab wie eine Folie und fängt die Schallwellen aus der Luft auf.

Das Trommelfell schwingt schon ganz schön munter, aber es ist noch lange nicht die entscheidende Membran (die mit den Nervenzellen drauf). Das Trommelfell gibt die Schwingungen nur an eine kleine Knochenkette weiter. Hammer, Amboss und Steigbügel heißen die drei Knochen, die das Trommelfell mit der nächsten Membran verbinden. Es sind die kleinsten Knochen des Körpers, sie sind miteinander verbunden und sitzen in der Höhle des Mittelohrs. Über diese kleine Knochenkette werden die Schwingungen des Trommelfells weitergeleitet und verstärkt. Das ist nötig, weil die Schallwellen sonst den Sprung ins Innenohr nicht schaffen.

Im Innenohr muss die Bewegung des Schalls das Transportunternehmen wechseln. Erst ging es per Luftexpress in den Gehörgang, dann über die Knochenkette durch das Mittelohr, und zum Schluss müssen die Schallwellen baden gehen. Das Innenohr ist nämlich mit einer Flüssigkeit gefüllt. Wer einmal im Freibad getaucht ist, weiß, dass unter Wasser von den schreienden Kindern auf der Riesenrutsche plötzlich nichts mehr zu hören ist. Die Schallwellen aus der Luft prallen von der Wasseroberfläche ab, sie können die Grenze der beiden Medien kaum überwinden. Die Mittelohrknochen müssen deshalb besonders kräftig auf die nächste Membran klopfen, die das mit Flüssigkeit gefüllte Innenohr vom Mittelohr trennt wie ein kleines Fensterchen.

Der Weg des »Grrr«

Das Innenohr ist die Zentrale unseres Hörorgans. Hier wird die Bewegung der Membranen in elektrische Energie umgewandelt, in Signale, die über Nervenleitungen an das Gehirn übertragen werden. Wie das Innenohr aussieht, ist noch nicht sehr lange bekannt. Vor zweihundert Jahren kannten die Wissenschaftler zwar das Außen- und das Mittelohr. Aber von der Hörzentrale im Innern hatten sie keine Ahnung. Das Innenohr lag einfach zu gut geschützt in seiner festen kleinen Knochenkammer. Und es war viel zu klein für die Instrumente, mit denen die Wissenschaftler damals forschten. Kaum größer als eine Erbse und auch noch aufgerollt wie eine Lakritzschnecke. Da kapitulierten die besten Forscher.

Der Erste, der Zeichnungen vom Innenohr anfertigte, war der italienische Graf Alfonso Corti. Er entdeckte, dass es außer dem Trommelfell und der Membran zwischen Mittel- und Innenohr noch eine

ALFONSO CORTI

Der Entdecker des Innenohrs machte seine bedeutendsten Forschungen in Würzburg. Hier teilte sich Alfonso Corti mit dem berühmten Mediziner Rudolf Virchow einen Gartenpavillon. Im Jahr 1850 gelang es ihm mit Hilfe eines neuartigen Mikroskops und einer sehr ruhigen Hand, die Innenohren von Hunden und Katzen aufzuschneiden und zu studieren. Seine Zeichnungen inspirierten Wissenschaftler auf der ganzen Welt.

> **WIE TIERE HÖREN**
>
> Bei Insekten sitzt die Membran, mit der sie Schallwellen auffangen, nicht unbedingt am Kopf. Heuschrecken oder Zikaden zum Beispiel hören mit den Beinen oder ihrem Unterleib, Mücken mit den Enden ihrer Fühler. Fische haben zwar keine Ohren, aber sie fangen den Schall mit einer Membran auf, die in einer mit Flüssigkeit gefüllten Röhre liegt. Säugetiere hören ähnlich wie wir.

Hörorgan

weitere Membran gibt, die wichtigste von allen, weil auf ihr die Nervenzellen sitzen. Diese Membran im Innenohr befindet sich in einer aufgewickelten und mit Flüssigkeit gefüllten Röhre, und sie liegt nicht quer zum Schall wie die anderen Membranen, sondern längs. So landen die Schallwellen auf dieser Membran nicht mit einem Schlag, sondern rollen nacheinander über sie hinweg.

Wie die Membran im Innenohr die Schallwellen ans Gehirn weiterleitet, lernen wir am besten an einem Beispiel, weil es ein bisschen kompliziert ist. Stellen wir uns einen Jungen vor, der in aller Ruhe ein Comic-Heft liest. Ihm nähert sich von hinten sein großer Bruder, der scharf auf den Comic ist. Dieser Bruder macht ein Geräusch: »Grrr.« Ein Geräusch, wie er es immer macht, wenn er seinen kleinen Bruder ärgern will. Dieses Geräusch fliegt als Druckwelle durch die Luft, rast in den Gehörgang des kleinen Bruders, bringt sein Trommelfell zum Schwingen und flitzt dann über die Knöchelchen des Mittelohrs ins Innenohr.

Damit das Gehirn des kleinen Bruders weiß, wer sich da anschleicht, muss das »Grrr« im Innenohr genau analysiert werden: Aus welchen verschiedenen Frequenzen besteht das merkwürdige Geräusch? Das ist die Frage, die mit Hilfe der Nervenzellen im Innenohr geklärt wird. 30000 dieser speziellen Hörzellen befinden sich in jedem Ohr. Sie sitzen dicht an dicht auf der längsgestellten Membran und übermitteln dem Gehirn die verschiedenen Frequenzen, aus denen ein Laut besteht. Die Hörzellen sind die wahren Helden des Hörens.

Wenn das »Grrr« im Innenohr ankommt, bringt es zunächst die Flüssigkeit zum Schwingen, in der die Membran mit den Hörzellen schwimmt. Noch ist das Gehirn des kleinen Jungen mit Dagobert Duck beschäftigt und weiß nichts vom großen Bruder. Doch wie eine wandernde Welle gleiten die Schwingungen jetzt im Innenohr an der Membran entlang und verbiegen sie. Ein Teil der Hörzellen wird dadurch angehoben und stößt an die Decke. Feine Härchen an der Spitze der Hörzellen biegen sich um und öffnen winzige Kanäle in den Zellen. Durch diese Kanäle können elektrisch geladene Kügelchen aus der Flüssigkeit ins Innere strömen und die Zelle aktivieren – ungefähr so wie ein Lichtschalter das Licht aktiviert. Die Hörzelle kann jetzt ihre Botschaft über Nervenbahnen ans Gehirn funken.

Damit das Gehirn möglichst genau informiert wird, fangen einige der Hörzellen noch an, sich selbst zu recken und zu strecken, um die Wirkung der Schwingungen in der Membran zu verstärken. Wie Turm-

> **HÖRZELLEN**
>
> Die Hörzellen in unserem Innenohr sind winzig klein. Alle 30 000 zusammen könnte man auf einem Stecknadelkopf unterbringen. Leider sind sie auch sehr empfindlich. Nur mit Hilfe moderner Elektronenmikroskope können Forscher die Hörzellen ganz genau sehen und mit ihnen arbeiten.

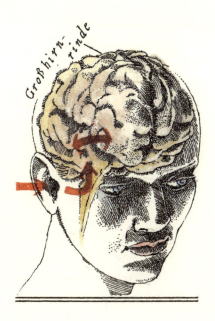

DAS ABSOLUTE GEHÖR

Das Ohr kann man nicht trainieren, wohl aber das Gehirn. Menschen mit einem absoluten Gehör finden beim Gesang jeden Ton und wissen sofort, ob ein Klavier verstimmt ist. Lange Zeit dachte man, dass diese Menschen besser hören als andere. Inzwischen geht man davon aus, dass ein absolutes Gehör im Gehirn entsteht und erlernt werden kann. Viele Musiker lernen das absolute Hören, aber auch Kinder, die vor dem siebten Lebensjahr das Erkennen von Tönen intensiv üben. Wissenschaftler haben sogar eine Gehirnregion ausfindig gemacht, die beim Tonerkennen besonders aktiv ist.

springer, die auf ihrem elastischen Sprungbrett auf und nieder hüpfen, so strecken sich die Hörzellen auf ihrer Membran. Man kann das auch beobachten. Unter hochempfindlichen Mikroskopen sieht es aus, als würden die Hörzellen tanzen.

Durch ihren Tanz liefern die Hörzellen dem Gehirn zusätzliche Informationen über die Tonhöhen. Die Membran in der Schnecke ist nämlich sehr trickreich gebaut. Wenn bei hohen Frequenzen viele Wellen hintereinander ankommen, beult sie sich eher im vorderen Bereich aus, wo die Hörzellen sitzen, die für die hohen Töne zuständig sind. Verformt sie sich im hinteren Bereich, werden hauptsächlich Hörzellen aktiv, die dem Gehirn ein Signal für tiefe Töne übermitteln können. Durch den Tanz der Hörzellen wird die Beule an bestimmten Stellen noch spitzer, und die Hörzellen, die dort sitzen, können noch genauer aktiviert werden. Diese Spitzen ermöglichen es dem Gehirn, sehr genau herauszufinden, welche Frequenzen beteiligt sind, wenn ein »Grrr« heranfliegt.

Die zuständigen Hörzellen funken jetzt also Signale ans Hirn des comiclesenden Jungen. Kurz nachdem vom rechten Ohr die ersten »Grrr«-Signale abgesandt wurden, funkt auch das linke Ohr »Grrr«. Jetzt kann das Gehirn aus den elektrischen Signalen einen Laut bauen, mit dem der kleine Junge vor seinem Comic etwas anfangen kann. Blitzschnell analysiert das Gehirn die Frequenzen, und die Lautstärke, errechnet Abstand und Richtung der »Grrr«-Schallquelle. Außerdem vergleicht es die eingetroffenen »Grrr«-Informationen mit gespeicherten anderen »Grrr«-Informationen und gibt schließlich die Meldung an den Jungen mit seinem Heft heraus: Es nähert sich eine Person namens

»großer Bruder«, die scharf auf den Comic ist und dich erschrecken will. Bleibe ruhig, halte das Heft fest und überlege, in welchen Arm du den Feind notfalls beißt.

Hörzellen sind ein Wunder an Ausdauer. Sie müssen nie trainiert werden und behalten trotzdem ihre Leistungsfähigkeit, ein ganzes Leben lang. Afrikanische Eingeborene, die in ihrem Leben nie von Verkehr, lauter Musik oder Fabriklärm gequält wurden, konnten im Alter nicht schlechter hören als junge Leute. Leider gibt es kaum noch Orte auf der Welt, die dauerhaft von Lärm verschont bleiben. Und so ist es ganz normal geworden, dass alte Leute schlecht hören.

> **HÖRSCHÄDEN**
>
> Die Hörzellen sind sehr empfindlich, bei zu großen Wellen in der Schnecke knicken sie um und wachsen nie mehr nach. Schon der Besuch einer Disco, in der man nicht mehr vernünftig miteinander sprechen kann, schädigt die Hörzellen. Sehr gefährlich sind auch Knaller oder Knackfrösche, weil sie schlagartig großen Lärm erzeugen und das natürliche Schutzsystem des Ohrs überwinden. Drei Millisekunden braucht das Schutzsystem, um sich auf hohe Lautstärken einzustellen.

Warum aus Zahl nicht Saal wird

Auf ein gefährliches »Grrr« reagiert das Gehirn gut und schnell. Auf andere Töne reagiert es dagegen überhaupt nicht, wie wir zu Anfang lasen. Dafür wissen wir jetzt endlich den Grund. Die Membran im Innenohr ist so gebaut, dass sie auf vorbeiwandernde Schallwellen unterschiedlich reagiert. Wenn Schallwellen mit besonders hoher oder besonders tiefer Frequenz ankommen, regt sich die Membran nicht, und so schicken die Nervenzellen auch kein Signal ans Gehirn ab. Offenbar ist unser Hörsystem so konstruiert, dass es uns nur mit den Informationen versorgt, die wir auch brauchen können. Ultraschalltöne brauchen wir nicht, weil wir, anders als Fledermäuse, nicht nachts herumfliegen müssen und mit einem Ultraschallsignal den Abstand zur nächsten Motte messen. Was wir brauchen, ist die Sprache.

Und da hat unser Hörsystem einiges zu bieten. Wir können zum Beispiel an der Art, wie Mutter sagt »Ich finde, du solltest heute mal dein Zimmer aufräumen«, ziemlich gut erkennen, ob wirklich alle Legosteine aus allen Ecken gesucht werden müssen oder ob es reicht, die leere Kakaotasse in die Küche zu bringen. Wir können am Telefon sofort unterscheiden, ob es Helen oder Katharina ist, die »Hi, ich bin's« sagt. Und wir wissen sofort, ob jemand eine »Zahl« sucht oder einen »Saal«.

Im Lauf der Evolution hat sich das Ohr auf die wichtigen Laute spezialisiert. Dazu zählen außer der Sprache vor allem kurze, plötzliche Geräusche. Ein Knacken, ein Knistern, ein Züngeln: schon ist das Gehör alarmiert und erschreckt sich der Mensch. Für unsere Vorfahren war das sehr nützlich. Das Knacken eines Astes oder ein plötzliches Zischen konnten auf einen Feind hinweisen, und so haben sich in der Evolution allmählich Ohrenmodelle durchgesetzt, die auf solche Geräusche besonders empfindlich reagieren. Damit unsere Vorfahren plötzliche Laute erkennen konnten, mussten zusätzlich all die Geräusche gedämpft werden, die lange anhalten. Davon profitieren wir noch heute: Hintergrundlärm wie der Motor des Kühlschranks, das Rauschen des Windes oder das Brummen eines Automotors blendet unser Gehirn einfach aus. Musik und Sprache werden dagegen sehr intensiv wahrgenommen, weil sie uns mit anderen Menschen verbinden.

Was wir hören, ist also sehr geprägt von dem, was wir brauchen. Die unzähligen Schallwellen, die uns

---

MANN UND FRAU AM TELEFON

Männer und Frauen sprechen von Natur aus in unterschiedlichen Tonhöhen: Die Grundfrequenz des Mannes liegt normalerweise bei 80 Hertz, die der Frau bei 150 Hertz. Eigentlich könnten wir deshalb am Telefon gar nicht zwischen Mann und Frau unterscheiden, weil ein normaler Apparat die tiefen Frequenzen gar nicht überträgt. Dass wir es trotzdem können, verdanken wir dem Zusammenspiel von Ohr und Gehirn. Gemeinsam ersetzt unser Hörsystem die fehlenden Informationen.

erreichen, werden von unserem Ohr und unserem Gehirn stark bearbeitet, ehe sie ins Bewusstsein gelangen. Man hat ausgerechnet, dass die Sinnesorgane des Menschen nicht einmal ein Prozent aller Daten ans Bewusstsein übergeben. Was die anderen 99 Prozent uns vielleicht zu sagen hätten, werden wir niemals erfahren.

Damit können wir jetzt auch endlich das Problem mit den Lauten klären, die eigentlich gar nicht laut sind. Unser Hörsystem sucht sich unter all den Bewegungen und Schallwellen, die durch die Luft schwirren, nur die wichtigen heraus. Nur sie bekommen die Ehre, als Töne und Geräusche erkannt zu werden, nur sie werden von den beiden Partnern des Hörsystems, dem Ohr und dem Gehirn, bearbeitet und als Laut wahrgenommen. Was wir Laut nennen, ist also nur eine Auswahl unter all den vielen verschiedenen Bewegungen in der Luft. Aber es ist die beste, die wir bekommen können, und die Natur hat lange daran gearbeitet, sie für uns zusammenzustellen.

Warum darf man Menschen nicht klonen?

Klone? Das sind doch die unheimlichen Gestalten aus dem Kino und aus Comics. Düstere Krieger, die in langen Kolonnen über fremde Planeten marschieren. Oder traurige Einzelgänger auf der Suche nach Eltern, die es nicht gibt. Kein Wunder, dass Klone so unbeliebt sind und niemand sie haben will. Bei dem Image! Dabei könnte es doch so schön sein, wenn am Familienklavier statt der genervten Laura ein vergnügter Mozart-Klon spielt. Und in der Klassenmannschaft schießt ein Beckham-Klon die Freistöße. Oder? Die Frage, warum man Menschen nicht klonen darf, ist jedenfalls nicht so leicht zu beantworten, wie viele denken.

> **Prof. Christiane Nüsslein-Volhard** eröffnete die zweite Tübinger Kinder-Uni mit der Antwort auf die Frage, warum man Menschen nicht klonen darf. Mit vielen Hinweisen und Ratschlägen hat sie uns dabei geholfen, dieses Kapitel zu schreiben.

Eines müssen wir als Erstes über Klone lernen: Es gibt sie schon. Man muss nur die Augen aufmachen und findet sie überall. Im Garten, im Wohnzimmer, im Schulhof. Sogar in den eigenen Haaren tummeln sie sich, wenn dort gerade mal eine Läusefamilie eingezogen ist. Allerdings sind das nicht die künstlichen Klone aus dem Labor, sondern ganz normale Klone aus der Natur.

Klonen ist nämlich nur eine besondere Methode, um sich zu vermehren, und zwar die älteste und am meisten verbreitete. In jeder Sekunde entstehen auf der Erde unendlich viele neue Klone. Sogar in unserem Körper werden permanent Klone hergestellt: Wann immer eine Zelle sich teilt, produziert sie einen Klon. Das heißt: eine andere Zelle, eine Kopie, die ziemlich genau so beschaffen ist wie sie selbst und nach dem gleichen Plan gebaut wurde. Klone sind auch keineswegs von Wissenschaftlern erfunden worden, sondern von der Natur.

Die ersten geklonten Lebewesen tauchten wahrscheinlich schon vor über 3,5 Milliarden Jahren auf der Erde auf. Die Wissenschaftler sind sicher, dass es Bakterien waren, die sich mit dem Titel »Erste Lebewesen des Planeten« schmücken dürfen. Allerdings wissen wir nicht viel über sie. Als sie entstanden, war die Erde ein ungemütlicher, toter Ort. Nebelschwaden und Gewitterstürme zogen über ihre kahle heiße Oberfläche. Es gab noch keine Kontinente, doch hatten sich schon erste Meere gebildet, die sich, gespeist von ausgeschwitztem Wasser aus dem Erdinneren, unaufhaltsam vergrößerten. Mächtige Vulkane spuckten Rauch und Lava aus, und die

Luft bestand aus Gasen wie Stickstoff, Kohlendioxid, Methan oder Ammoniak. Menschen hätten es keine Minute darin ausgehalten.

Doch die ersten Lebewesen waren nicht sehr anspruchsvoll. Sie hatten keine Arme und Beine, keine Augen und Ohren und nicht einmal Nasen, die Schnupfen bekommen konnten. Sie bestanden nur aus einer einzigen Zelle. Seltsamerweise haben ausgerechnet diese winzig kleinen Urahnen des Lebens alle Veränderungen und Katastrophen auf der Erde überstanden. Cyano- und Archaebakterien, die vermutlich ersten Bewohner des Planeten, gibt es heute noch, man findet sie in der Arktis, in der Tiefsee und selbst in den heißen Quellen auf Island.

Auch wenn die ersten Bakterien sehr einfache Lebewesen waren, konnten sie schon einiges. Sie hatten zum Beispiel »Hunger« und beschafften sich Energie aus ihrer Umwelt. Natürlich gab es damals noch keine Butterbrote oder Pommes mit Ketchup, die frühen Bakterien lebten von weniger appetitlichen Stoffen wie Methan oder Schwefel. Außerdem konnten sich die ersten Erdbewohner schon vermehren. Sie teilten sich einfach.

Dem Klonen ist es zu verdanken, dass die Erde allmählich bevölkert wurde. Bis heute können sich Lebewesen, die nur aus einer Zelle bestehen, gar nicht anders vermehren als durchs Klonen. Doch selbst da, wo sich die Zellen im Verlauf der Evolution zusammengetan haben und Organismen mit vielen Milliarden anderer Zellen bilden, teilen sie sich munter weiter. Auch in unserem Körper teilen sich alle Zellen nach einer gewissen Zeit, wenn sie nicht gerade wie die Nervenzellen sehr spezialisiert sind. Jedes Mal fertigen sie dabei Kopien von sich an: Klone.

> **ZELLEN**
>
> Zellen sind die kleinsten Lebensformen, aber sie enthalten alles, was man zum Leben braucht. Mit Hilfe winziger Organe tauschen sie Stoffe mit ihrer Umgebung aus, sie wachsen und können sich vermehren. Es gibt Zellen, die man mit dem bloßen Auge sehen kann. Eizellen von Fröschen zum Beispiel können über einen Millimeter groß werden. Aber normalerweise sind Zellen sehr klein. Wenn man tausend von ihnen nebeneinander legen würde, füllt das gerade einen Millimeter auf dem Lineal.

Die Blattlaus und ihre Klonfamilie

Bislang haben wir nur Vorteilhaftes über das Klonen gehört. Ohne Klonen gäbe es kein Leben auf der Erde, kein Gras, keine Bäume, keine Blumen und keine Superstars. Unzählige Arten vermehren sich bis heute durch das Klonen. Sie erzeugen Nachkommen, die praktisch genauso aussehen wie sie selbst. Die Bakterien, die im Bauch all die Gummibärchen und Milchschnitten zerlegen, die sich dort auf geheimnisvolle Weise ansammeln, produzieren Klone. Und die Zellen in den Muskeln, die zum Bedienen der Fernbedienung benötigt werden, produzieren auch Klone. Gibt es eigentlich auch was Schlechtes über Klone zu sagen?

Um das herauszufinden, schauen wir jetzt beim einzigen Lebewesen auf der Erde vorbei, dass wirklich böse Dinge tun kann, beim Menschen. Was ist, wenn er es mit dem Klonen versucht?

Fangen wir bei den Menschen an, die das Klonen besonders skrupellos und massenhaft betreiben. In rauen Mengen erzeugen sie Klone und verkaufen sie sogar schamlos. Es sind die Gärtner. Sie vermehren ihre Pflanzen sehr oft mit Hilfe des Klonens, und zwar, weil es so einfach geht. Man muss nur mit einem Messer von einer Pflanze, etwa einer Geranie, einen Zweig abschneiden und ihn in einen Topf mit Torferde stecken. Die Pflanze bildet Wurzeln und wächst zu einer neuen Geranie heran, einer Kopie der ersten.

Nun gibt es sicher Leute, die Geranien nicht mögen und furchtbare Angst davor haben, dass von jedem Balkon die gleichen roten Geranien herabhängen. Trotzdem müssen wir ehrlich zugeben: Richtig gefährlich ist das Geranienklonen nicht. Für

---

DER VORTEIL DER TEILUNG

Weil die Zellen sich ständig teilen, herrscht im menschlichen Körper ein ständiges Kommen und Gehen. In jeder Sekunde sterben rund 50 Millionen Zellen, und es entstehen 50 Millionen neue Zellen. Allmählich wird auf diese Weise der Körper komplett erneuert. Die Lunge beispielsweise braucht etwa sieben Jahre für den Austausch ihrer Zellen.

die Gärtner ist es auf jeden Fall sehr praktisch, denn sie kommen schnell und mit wenig Energie zu vielen Nachkommen. Fast alle Zimmer- und Gartenpflanzen lassen sich durchs Klonen vermehren. Entweder über einen Trieb, der Wurzeln bildet, oder über Wurzeln, die unterirdisch weiterwachsen und in der Nachbarschaft neue Pflanzen bilden. Rasen zum Beispiel wächst unter der Erde. Die meisten Rasenflächen in unseren Siedlungen sind deshalb große Versammlungen von Klonen.

Allerdings vermehren sich die meisten Pflanzen in der Natur nicht nur durchs Klonen. Sie können noch etwas anderes, etwas, das vor etwa einer Milliarde Jahren in Mode kam: Sie können sich geschlechtlich vermehren, sie machen »Sex« miteinander. Dabei tun sich zwei verschiedene Lebewesen, ein Männchen und ein Weibchen, zusammen und erzeugen ihren Nachwuchs gemeinsam. Dieser Nachwuchs ist keine identische Kopie mehr, sondern etwas völlig Neues, ein einmaliges Lebewesen, bei dem die beiden Partner ihre Erbanlagen mischen.

Die neue Vermehrungsmethode hat sich sehr verbreitet, obwohl sie eigentlich furchtbar mühselig und aufwändig ist und auf den ersten Blick die Ausbreitung der Arten eher verhindert. Sex kostet nämlich Zeit und Energie. Wären sie beim Klonen geblieben, könnten die Organismen in der gleichen Zeit viel mehr Nachkommen erzeugen als durch Sex. Außerdem ist Sex riskant und klappt nicht immer. Männchen und Weibchen müssen sich nämlich finden. Das kann schnell gehen und Spaß machen, aber es kann auch verdammt lange dauern und viele Nerven kosten. Wer es nicht glaubt, sollte mal einen Blick in die »Bravo« werfen oder fünf Minuten lang den Mädchen aus der Oberstufe zuhören.

Noch schlimmer: Finden allein reicht nicht. Bevor es zum Sex kommt, müssen Männchen und Weibchen oft noch mit Rivalen um ihre Partner kämpfen. Schmetterlinge fliegen Angriffe auf Konkurrenten, Wölfe beißen sich um die besten Plätze im Rudel, Hirsche schlagen mit ihren Geweihen aufeinander ein, und Menschen kaufen teuren Schmuck oder schnelle Autos, um ihre Partner zu betören. Manche versuchen es sogar mit Gedichten oder komplizierten Tänzen.

All das spricht für das Klonen. Dennoch haben die Lebewesen vor einer Milliarde Jahren Sex in ihr Programm aufgenommen und bis heute beibehalten. Okay, es gibt immer noch eine ganze Menge von ihnen, die das Klonen nicht lassen können. Aber die meisten Lebewesen auf der Erde können sich mittlerweile geschlechtlich vermehren.

Ist also am Klonen doch etwas faul? Um das herauszufinden, schieben wir jetzt einen kurzen Besuch bei den Blattläusen ein. Eigentlich müssten sie große Fans der Klonmethode sein. Wenn nämlich eine Blattlaus, genauer gesagt: ein Blattlausweibchen, auf einem prächtigen Rosenstrauch landet und sich dort etwas einsam und allein fühlt, kann sie sich ohne Männchen mit der Klonmethode jederzeit eine Familie zulegen. Die Laus bekommt Läuse, die wiederum Läuse bekommen, die wiederum Läuse bekommen. Im Nu ist die Rose von Tausenden und Abertausenden von Läusen besiedelt. Alle Läuse sind Klone des ersten Läuseweibchens. Alle sind

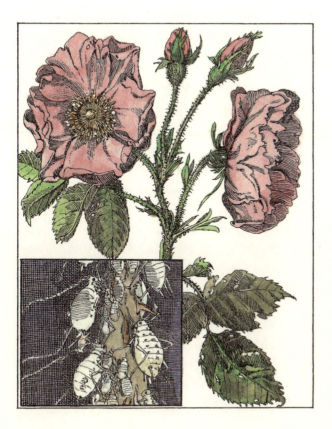

quietschfidel, haben einen Mordsappetit und futtern, was das Zeug hält. Aber alle haben irgendwann ein Problem: Von der Rose ist nichts mehr da.

Was der VW-Käfer mit Sex zu tun hat

Wenn alle Läuse Kopien sind, haben alle die gleichen Stärken und Schwächen. Wenn die erste Blattlaus keine Margeriten mag, mögen auch die anderen Blattläuse keine Margeriten. So sterben, wenn die Rose weggefressen ist, alle Läuse mit ihrer Nahrung. Anders bei der geschlechtlichen Vermehrung, beim Sex. In einer Kolonie, in der die Männchen bei der Vermehrung mitmischen, gibt es eine Menge Rosenfresser, aber auch ein paar Margeriten-Liebhaber. Wenn die Rosen weggefressen sind, kommen halt die Margeritenfresser zum Zuge.

Aus diesem Grund legen die Blattläuse im Herbst noch einmal eine Runde Sex ein, mit Männchen und Weibchen. Bei der geschlechtlichen Vermehrung ist die Chance einfach größer, dass die Kinder unterschiedliche Dinge können und mögen. Wenn jede Generation etwas Neues zu bieten hat, kommt die Natur schneller zu nützlichen Fortschritten. Nützlich natürlich nur aus Sicht der Läuse.

Wir sehen also einen ersten Nachteil des Klonens: Es ist nicht gut für die Vielfalt. Eine Zeit lang kann es prima funktionieren, doch auf Dauer ist es riskant. Wenn eine Fabrik immer das gleiche Auto herstellt, kann sie damit sehr viel Geld verdienen. Doch wenn der Geschmack der Autokäufer sich ändert oder eine andere Fabrik ein besseres Auto herstellt, kann die gleiche Fabrik schlagartig vor der Pleite stehen. So erging es Volkswagen, als der VW-Käfer plötzlich nicht mehr so beliebt war und die Firma über 30 000 Mitarbeiter entlassen musste. Heute achtet VW wie alle Autofirmen darauf, ständig neue Modelle auf den Markt zu bringen, auch wenn das viel Geld kostet.

Soll man deswegen auf das Klonen verzichten? Haben wir endlich einen Grund gefunden? Leider nein. Die Forscher im Labor wollen ja die Natur genauso wenig abschaffen wie die Gärtner. Sie wollen sie nur hier und da ein wenig in ihrem Sinn verändern. Deshalb verabschieden wir uns jetzt von den Gärtnern und ihren Geranien und besuchen die Forscher in ihren Labors.

> **DAS IGELKARUSSELL**
>
> **Damit es bei den Tieren mit dem Sex klappt, muss der Samen des Männchens die Eier des Weibchens erreichen. Die Natur hat sich viele Methoden einfallen lassen, wie das unter den verschiedensten Bedingungen funktioniert, schließlich soll auch ein Igelmännchen seinen Samen in die Geschlechtsöffnung eines stacheligen Weibchens befördern können. Im Fall der Igel hat die Natur das so gelöst: Das Männchen umkreist die Auserwählte stundenlang (»Igelkarussell«) und schnauft dabei schrecklich. Irgendwann reicht es dem Weibchen. Es drückt sich fest auf den Boden und legt die Stacheln an. Das Männchen kann dann – vorsichtig – auf das Weibchen hinaufklettern und seinen Samen abgeben.**

Wozu Babyhaare gut sind

Der erste Mensch, der in einem Labor einen Klon schuf, war im Jahr 1892 der deutsche Biologe und Philosoph Hans Driesch. Das Klonen war damals offenbar nicht besonders kompliziert. Driesch schüttelte einfach die ersten Zellen eines Seeigel-Embryos so lange, bis sie auseinander fielen. Und siehe da: Aus beiden Hälften entwickelten sich komplette Seeigel. Diese Seeigel waren die ersten künstlich hergestellten Klone der Welt.

Ein paar Jahre später teilte der Entwicklungsbiologe und Nobelpreisträger Hans Spemann, auch er ein Deutscher, den Embryo eines Salamanders. Weil der Salamanderembryo nur aus zwei Zellen bestand, brauchte er zum Teilen einen ganz feinen Faden. Er schnitt deshalb seinem neugeborenen Sohn ein Haar ab, machte eine Schlinge und trennte damit die Zellen des Embryos. Wieder entwickelten sich beide Teile zu vollständigen Salamandern weiter. Spemann lernte: Aus den allerersten Zellen eines Organismus kann man komplette Lebewesen machen, sie haben alles drauf, was zum Bau eines Tieres benötigt wird.

Sobald sich die Zellen zwei- oder dreimal geteilt haben, ist es allerdings vorbei mit der ganz großen Karriere. Der Proviant in den einzelnen Zellen reicht dann nicht mehr aus, um ein komplettes Lebewesen zu versorgen. Trotzdem behalten die kleinen Zellen noch eine Zeit lang die Fähigkeit, sich in jedes beliebige Organ entwickeln zu können. In eine Nase oder einen Fuß, eine Leber oder einen Nerv im Gehirn. Menschliche Embryos behalten diese Fähigkeit etwa fünf Tage lang, in dieser Zeit sind sie äußerlich nicht viel mehr als ein zartes Gewebe, kaum größer als der Punkt auf diesem »i«. Nichts erinnert an ein Lebewesen. Man findet weder Augen noch Ohren, weder Beine noch Kopf.

Eine Menge Forscher würden gerne mit diesen embryonalen Zellen von Menschen experimentieren. Sie glauben, dass man mit den Alleskönnern

---

DIE ALLESKÖNNER

Zellen von Säugetieren verlieren irgendwann die Fähigkeit, sich zu einem beliebigen Organ weiterzuentwickeln, sie spezialisieren sich. So verhindert der Körper, dass sich in der Haut plötzlich ein Auge oder ein Stück Knochen bildet. Bei den ersten Zellen eines Organismus ist das anders: Diese »embryonalen Zellen« können sich zu jedem beliebigen Organ weiterentwickeln.

Krankheiten heilen, dass man aus ihnen neue Organe wie die Leber bauen kann oder kaputte Zellen im Gehirn ersetzen. Aber mit Menschen, das schreiben in den meisten Ländern der Welt die Gesetze vor, darf man nicht einfach Experimente machen. Selbst dann nicht, wenn von einem Menschen noch nichts zu erkennen ist, wenn er noch ein Embryo ist und so groß wie ein i-Punkt.

Die ersten Zellen eines Menschen sind ziemlich empfindlich. In sechs von zehn Fällen sterben sie im Bauch der Mutter, auf dem Weg vom Eierstock zur Gebärmutter. Sie werden ausgeschieden, ohne dass die Mutter davon etwas bemerkt. Erst am sechsten Tag nistet sich der Embryo in der Gebärmutter ein und fängt an, einen Blutkreislauf und einzelne Organe zu entwickeln. Bis dahin können sich die Zellen noch trennen und sich zu zwei oder mehr komplett verschiedenen Organismen formen. Jeder kennt solche getrennten Zellhaufen. Sie nennen sich Zwillinge und ähneln sich wie ein Ei dem anderen. Kein Wunder: Sie sind auch aus einem einzigen Ei entstanden. Oft ziehen sie sich ähnlich an, mögen die gleichen Fächer in der Schule und heiraten manchmal sogar ähnliche Partner. Offenbar haben sie etwas gemeinsam, was sie beide sehr stark verbindet. Das müssen wir uns jetzt genauer angucken.

DIE DNS

Die drei Buchstaben sind die Abkürzung für ein sehr kompliziertes Wort: Desoxyribonukleinsäure. In den USA oder England wird die DNS auch als DNA bezeichnet, weil »Säure« auf Englisch »acid« heißt. Entdeckt wurde die DNS im Jahr 1869 von dem Schweizer Arzt Friedrich Miescher. Welche Bedeutung sie hat, erkannte allerdings erst der Amerikaner Oswald Avery im Jahr 1944.

Wer liest finnische Telefonbücher?

Warum sehen Zwillinge, die aus einem Ei kommen, so gleich aus? Etwa, weil sie im Bauch der Mutter immer miteinander quatschen? »Hey, du, mach mal deine Nase ein bisschen runder!« »Und du, bitte färb

dein Auge blau!« Natürlich nicht. Die beiden Embryos, die nebeneinander in der Gebärmutter liegen, können noch nicht miteinander reden. Aber wer oder was sagt den beiden dann, dass sie genau die gleichen Ohren oder Nasen produzieren sollen? Welche geheime Botschaft verrät den Zellen, wie sie sich entwickeln müssen? »Werde ein Teil des Auges.« »Werde ein Magensaft.« »Werde ein Haar auf dem Po.« Wie erreicht diese Botschaft die Zellen? Per Handy?

Die Zellen brauchen kein Handy, denn sie haben DNS, eine natürliche Substanz, die sie mit den wichtigen Informationen versorgt. Die DNS sieht aus wie ein langer, verdrehter Faden. Man kann sie auseinander ziehen, und sie erreicht dann beim Menschen fast zwei Meter Länge. Dieser lange Faden steckt in jeder der über eine Billiarde (das sind tausend mal tausend Milliarden) menschlicher Zellen. Er wird von der ersten Zelle, der Eizelle, an alle anderen folgenden Zellen weitergegeben. Bei jeder Teilung wird dieser Faden verdoppelt.

Um einen zwei Meter langen Faden in eine Körperzelle hineinzubekommen, die nicht mal einen Millimeter groß ist, verknäuelt die Natur die DNS ganz stark und teilt sie in 46 Pakete, die Chromosomen. Sie befinden sich, wenn sie nicht gerade gelesen werden, schön verpackt in einem Kern mitten in der Zelle und warten darauf, dass sie sich wieder verdoppeln dürfen und eine neue Zelle bauen.

Die Botschaft der DNS kann man sich vorstellen wie eine Art Kochbuch. Sie ist eine Anweisung für den Bau von Zellen. Von der ersten bis zur letzten Zelle eines Organismus werden alle nach dem gleichen Kochbuch hergestellt, egal wie unterschiedlich sie am Ende aussehen. Das Kochbuch ist allerdings nicht in Deutsch oder Englisch geschrieben, sondern in einer chemischen Sprache. In dieser Sprache heißen die Buchstaben Nukleotide, und es sind winzige chemische Einheiten, die aber nichts anderes tun als normale Buchstaben in einem Buch: Sie speichern Informationen.

Vier verschiedene chemische Buchstaben gibt es, die auf dem langen Faden in einer endlosen Kolonne aufgereiht sind. 3000 Bücher könnte man mit dem Text füllen, jedes mit 1000 Seiten und 1000 Buchstaben pro Seite. Die »Frankfurter Allgemeine Zeitung« hat einmal ihren Kulturteil mit diesen vier Buchstaben gefüllt. Es war nur ein kleiner Ausschnitt der menschlichen DNS, aber kein Mensch konnte ihn bis zu Ende lesen. Denn die Texte auf der DNS sind für uns noch langweiliger als finnische Telefonbücher. Oder gibt es jemanden, der gerne solche Geschichten liest: »Actcgccccccttgacagttcttggccctaaaaac«?

DIE CHEMISCHEN BUCHSTABEN

Die Nukleotide, die vier verschiedenen chemischen Einheiten in der DNS, folgen einander auf dem DNS-Faden in einer endlosen Reihe. Sie heißen Adenin, Guanin, Thymin und Cytosin und werden der Einfachheit halber oft nur mit ihren ersten Buchstaben A, G, T, C aufgeführt. Es war gar nicht so einfach, herauszubekommen, wie die DNS chemisch aufgebaut ist. Die beiden Forscher, die das Rätsel im Jahre 1953 gelöst haben, James Watson und Francis Crick, wurden sehr berühmt und bekamen den Nobelpreis.

> **GEFÄHRLICHE KANINCHEN**
>
> Im Jahr 1788 kamen mit einem Gefangenentransport die ersten Kaninchen in Australien an. Die Tiere hatten auf dem Kontinent fast keine Feinde und konnten sich ungestört verbreiten. Nach nur hundert Jahren gab es fast 500 Millionen Kaninchen in Australien, die anderen Tieren Gras oder Bäume wegfraßen und zu einem riesigen Problem wurden. So wie die Kaninchen in Australien könnten sich auch gentechnisch veränderte Lebewesen in der Welt ausbreiten, wird befürchtet.

Trotzdem ist dieser langweilige Text das A und O des Lebens auf der Erde und wird so oft gelesen wie kein anderer Text. Denn mit seiner Hilfe stellen die kleinen chemischen Fabriken in unseren Zellen Proteine her, die wichtigen Grundbausteine unseres Körpers. Proteine sind für unseren Körper ein bisschen so was wie die Zutaten beim Kochen, wie Kartoffeln, Reis, Möhren oder Zucker, aus denen ein guter Koch die schönsten Gerichte machen kann. Die Zellenköche kochen allerdings nicht jeder für sich ihre Gerichte, sondern stimmen sich ab und informieren sich, wer was macht. Oben bei den Augen wird vielleicht gerade die Pupillenfarbe hergestellt und unten am Fuß ein Zehennagel. Klar, dass man dafür ganz unterschiedliche Proteine benötigt.

Um zu kochen, braucht man ein gutes Rezept. Die Zelle schaut deshalb ständig in ihrem großen Faden-Kochbuch nach, was zu tun ist. Auf dem DNS-Faden finden sich eine Menge Rezepte. Rezepte, in denen es nur um die Herstellung der Zutaten geht. Und Rezepte, in denen steht, wann und wie die Proteine eingesetzt werden. Wissenschaft-

ler nennen die Kochanleitungen auf dem DNS-Faden allerdings nicht Rezepte, sondern »Gene«. Aber sie meinen ungefähr das Gleiche. Die Gene sind die Abschnitte auf der DNS mit den interessanten Informationen fürs Kochen. Sie werden ständig gelesen, während viele andere Teile auf dem langen DNS-Faden möglicherweise ganz nutzlos sind. Es ist, als ob im DNS-Kochbuch zwischen den einzelnen Rezepten seitenweise Unsinn steht. Vielleicht wurden diese Teile irgendwann mal in den Text aufgenommen und blieben drin, weil sie nicht weiter störten. Vielleicht findet man eines Tages auch heraus, dass sie doch zu etwas taugen. Man darf gespannt sein. Wichtig sind auf jeden Fall die Gene mit den Rezepten, und wo die sitzen, weiß die Zelle ganz genau.

Was haben Regenwurm, Blattlaus und Schnitzel gemeinsam?

Die DNS ist ein Wunder. Denn ihre Sprache mit den vier Nukleotiden wird von allen Zellen aller Lebewesen verstanden. Das hängt mit ihrer Entstehung zusammen. Nach der Evolutionstheorie stammen alle Tier-, Pflanzen- oder Bakterienarten von den ersten Lebewesen der Erde ab. Im Lauf von Milliarden Jahren haben sie sich zwar sehr unterschiedlich entwickelt, den Trick mit dem langen DNS-Faden aber haben sie beibehalten.

Die DNS hat sich in der Evolution durchgesetzt als die beste Methode, Kopien zu erstellen. Der Regenwurm hat heute genauso eine DNS in jeder seiner Zellen wie die Blattlaus, die Bakterie oder die Yucca-Palme. Alles, was in der Natur vorkommt, ist

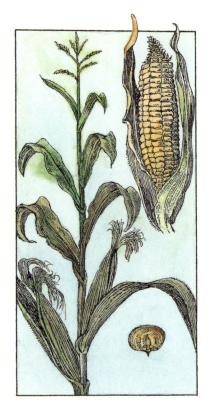

voller DNS. Unsere Spucke, unser Haar, sogar unser Essen. Mit jedem Apfel, jedem Schnitzel und jedem Glas Milch bekommen wir DNS in den Bauch. Aber keine Angst: Dass in unserem Magen ein Apfelbaum wächst oder ein Schwein, brauchen wir nicht zu befürchten. Die DNS wird von unserer Magensäure schnell zerlegt.

Für die Gentechniker ist es wunderbar, dass jedes Lebewesen über eine DNS verfügt, die nach dem gleichen Prinzip funktioniert. So können sie Gentechnik betreiben und DNS-Stücke aus einem Organismus herausnehmen, um sie in einen anderen hineinzutun. In unserem Bild vom Kochbuch würde das bedeuten: Sie tauschen zwischen den verschiedenen DNS-Kochbüchern ein paar Rezepte aus. An einem einfachen Beispiel aus der Landwirtschaft kann man zeigen, wozu das gut ist. Es gibt einen Schädling, einen kleinen Schmetterling, dessen Larven auf der ganzen Welt Mais fressen. Und es gibt Bakterien, die ausgerechnet diesen Schädling töten können. Den Forschern ist es nun gelungen, ein Gen aus den tödlichen Bakterien in die DNS von Mais einzubauen. Unglaublich, aber wahr: Wenn die Larven des Schmetterlings an dem veränderten Gen-Mais knabbern, sterben sie. Und der Mais bleibt heil.

40 Millionen Tonnen Mais könnten auf diese Weise vor dem Schädling gerettet werden, haben Wissenschaftler ausgerechnet. Trotzdem darf der Mais nicht überall in der Welt angebaut werden, denn die Gentechniker streiten sich noch mit Umweltschützern darüber, wie gefährlich der veränderte Mais ist. Die Gentechniker sagen: Der Stoff, der die Raupen tötet, ist nicht gefährlich für den Menschen, weil er im Magen sehr schnell zerlegt wird.

Selbst Biobauern dürften ihn deshalb als Mittel gegen räuberische Insekten verspritzen. Doch viele Umweltschützer auf der ganzen Welt sind skeptisch. Sie befürchten, dass man die Folgen der Gentechnik einfach noch nicht ausreichend beurteilen kann.

Die Gentechniker bauen aber nicht nur Pflanzen um, sondern auch Bakterien. Im DNS-Kochbuch des Menschen sind eine Menge Rezepte für lebenswichtige Substanzen enthalten wie zum Beispiel Insulin, mit dem man die Zuckerkrankheit verhindert, oder Interferon, mit dem Viren bekämpft werden können. Wenn man diese Rezepte in die DNS einer Bakterie einbaut, dann produziert sie genau die gleichen Substanzen wie ein Mensch. Und die kann man als Medikamente nutzen.

Aber die Wissenschaftler haben noch mehr Ideen. Sie würden gerne menschliche Gene auch in Kühe oder Ziegen einbauen. Die würden dann in großen Mengen die benötigten Substanzen mit ihrer Milch produzieren. Gen-Farming nennt sich dieses Verfahren, von dem sich Pharma-Unternehmen viel versprechen, das allerdings auch einen Nachteil hat. Pharma-Kühe kann man nicht so vermehren wie andere Kühe auf dem Bauernhof, sonst würde das künstlich eingebaute Gen schnell wieder verloren

DAS RAUPENGIFT

Die Raupen des Zünsler-Schmetterlings fressen in der ganzen Welt etwa sieben Prozent der Maisernte. Weil sich die Schädlinge schon als Larven in die Maispflanze hineinbohren, lassen sie sich mit Insektiziden nur schwer bekämpfen. Die Raupen sterben aber von selbst, wenn sie gentechnisch veränderte Maispflanzen fressen. Der Gen-Mais enthält das Protein »BT-Toxin«, das die Darmwand der Schädlinge zerstört. Das Gen für die Produktion des BT-Toxins haben die Gentechniker dem Bakterium »Bacillus thuringiensis« entnommen und in die Pflanze eingebaut.

> **DIE ANTIMATSCH-TOMATE**
>
> Reife Tomaten schmecken wunderbar, aber sie werden leider auch schnell matschig. Schuld daran ist ein von der Pflanze selbst produziertes Enzym, das beim Reifen die Zellwände der Tomate auflöst. Bei der Antimatsch-Tomate »Flavr Savr« haben Forscher ein Gen in die Pflanze eingebaut, das die Tomate daran hindert, ihr Matsch-Enzym herzustellen. Die Gen-Tomate wird deshalb reif, aber nicht matschig, und hält sich zwei Wochen länger als andere Tomaten. Die Antimatsch-Tomate kam 1994 in die Geschäfte und war das erste gentechnisch veränderte Lebensmittel der Welt.

gehen. Die Kühe des Genfarmers müssen in Serie hergestellt werden. Der Genfarmer braucht Klone.

Kühe, die in Serie hergestellt werden, Mais, der seine Schädlinge umbringt, und Bakterien, die Medikamente herstellen. Die schnellen Fortschritte der Gentechnik sind vielen Menschen nicht geheuer. Sie befürchten, dass die Wissenschaftler am Ende ihre eigenen Geschöpfe nicht mehr beherrschen können. Könnten nicht neue und gefährliche Viren aus den Labors ausbrechen? Könnte nicht gentechnisch verändertes Gemüse zu neuartigen Krankheiten führen? Und könnten nicht andere Pflanzen, Tiere oder gar Bakterien die eingebauten Gene übernehmen und unkontrollierbar verbreiten?

Die Tübinger Nobelpreisträgerin Christiane Nüsslein-Volhard kennt sich mit der Gentechnik ziemlich gut aus. Sie hat keine Angst vor gentechnisch verändertem Mais. Bei der normalen Züchtung, sagt sie, werde das Erbgut viel stärker verändert als bei der Gentechnik. Außerdem hätten die gentechnisch veränderten Pflanzen aus dem Labor gegen die robusten Wildpflanzen gar keine Chance. In der freien Natur verschwinde das eingebaute Gen schon nach wenigen Generationen wieder aus dem Erbgut.

Trotzdem ist auch die Nobelpreisträgerin für Regeln bei der Gentechnik. Die Forscher dürfen mit ihren Erfindungen nicht gleich aus dem Labor heraus. Erst wenn man sicher sein kann, dass der Mais mit eingebautem Schmetterlingskiller dem Menschen nicht schadet und kein Unheil in der Natur anrichtet, darf er auch verkauft und angebaut werden. Es muss Verfahren geben, mit denen man das prüfen kann. Verbieten kann man die Methoden der Gentechnik aber nicht mehr. Gentechnik gehört heute zum Alltag in allen guten Labors.

Darf's noch einmal Basti sein?

Das Klonen von ausgewachsenen Säugetieren wie Rindern oder Ziegen ist allerdings kein Alltag, sondern immer noch ein sehr komplizierter Vorgang. Bei Pflanzen kann man einfach einen Zweig in die Erde stecken und erhält einen Klon. Bei Tieren geht das nicht, weil Tiere auf Sex spezialisiert sind: Ihre Weibchen produzieren Eier, die von Männchen befruchtet werden. Klonen haben sie nicht im Programm. Und deswegen müssen die Forscher es ihnen sehr mühsam beibringen.

»Dolly« war das erste Säugetier, das nicht aus befruchteten Embryozellen gemacht wurde wie der Salamander von Hans Spemann, sondern aus Zellen eines erwachsenen Tieres. Es handelte sich um Zellen aus der Brustdrüse eines älteren schottischen Schafs. Zwei Wissenschaftler, Ian Wilmut und Keith Campbell, hatten die Zellen bei einer Spezialfirma bestellt, die so etwas in der Gefriertruhe hat. Dass man ein paar Zellen eines Lebewesens aus einer Gefriertruhe nehmen konnte und daraus eine Kopie machen, war eine Sensation, die in der ganzen Welt für Aufregung sorgte. Plötzlich schien es denkbar, dass Menschen nicht nur ihren geliebten Rauhaardackel Basti mit Hilfe einer Zelle wieder zum Leben erwecken könnten, sondern auch längst ausgestorbene Tiere wie die Mammuts oder die Dinosaurier. Und dass Menschen andere Menschen klonen könnten.

Tatsächlich kann man aber nicht einfach ein paar Zellen aus der Truhe nehmen und ein Tier oder

einen Menschen klonen. Genau wie wir Freunde brauchen und eine Familie, braucht nämlich auch die DNS eine Umgebung, in der sie sich wohl fühlt. Erst dann beginnt sie mit dem Teilen. Sie braucht eine Zelle, mit der sie ständig Nachrichten austauschen kann. »Hallo DNS! Könntest du dich vielleicht etwas strecken? Wir müssen ein Gen lesen.« Oder »Hallo Zelle! Ich habe jetzt das Genrezept für das Augenprotein aufgeschlagen.« Das sind Nachrichten, wie sie DNS und Zelle austauschen.

In der Zelle geht es zu wie in der Talkshow. Alle reden ständig mit allen. Allerdings wird in der Zelle nicht so viel Unsinn geredet wie in einer Talkshow, und laut ist es auch nicht: In der Zelle spricht man nämlich nicht mit Worten miteinander, sondern mit Chemie. Eine bestimmte chemische Substanz taucht auf und sagt: »Leute, macht mal Pause.« Oder: »Könntet ihr vielleicht endlich mal mit dem Teilen beginnen, ihr Schlafmützen?« Wenn die Zelle gesund ist, verstehen alle, was gemeint ist, und tun ihre Arbeit. Wenn die Zelle krank ist, verstehen sie vielleicht die Botschaft mit der Pause nicht mehr. Die Zellen teilen sich dann immer weiter, der Mensch bekommt Krebs.

Ian Wilmut und Keith Campbell mussten für ihre Dolly ziemlich heftig in die Zellen-Gespräche eingreifen. Schließlich entstehen Schafe normalerweise so, dass ein männliches Spermium in eine weibliche Eizelle schlüpft und die beiden DNS-Fäden sich zusammentun. Von Dolly aber gab es nur eine weibliche DNS, und die steckte auch noch in einer

Brustzelle, wo ganz andere Gespräche geführt werden als in einer Eizelle oder einem Spermium. In der Brustzelle werden Brustzellen gebaut, die Rezepte für den Bau von Embryos kennt dort keiner mehr. Deshalb mussten die Forscher Dollys DNS aus der Zelle herausnehmen und sie in eine Eizelle stecken, aus der sie vorher die natürliche DNS mit einer Pipette herausgesaugt hatten. In einer Eizelle steht Nahrung zur Verfügung, und die DNS kann die Gespräche führen, die nötig sind, um ihre Genrezepte zu öffnen. Sie kann anfangen, sich zu teilen.

Was man von Dolly lernen kann

Theoretisch jedenfalls. Praktisch mussten die Forscher 276 Mal die Brust-DNS in Eizellen packen, ohne dass auch nur das winzigste Lämmchen dabei herauskam. Erst Embryo Nummer 277 schaffte es. Im Bauch eines natürlich erzeugten Schafes wuchs ein künstlich erzeugtes Schaf heran: Dolly.

Am 5. Juli 1996 wurde Dolly geboren. Sie wog 6,6 Kilogramm, war schwerer als andere Lämmer und machte einen munteren Eindruck. Ihre Väter waren sehr zufrieden mit ihr, auch wenn sie nach der Mitteilung über Dollys Geburt kaum noch zum Arbeiten kamen. Über 2000 Leute riefen an, gratulierten, wollten Interviews oder die Erfinder beschimpfen. Denn vor Dolly hatten eine Menge Leute eine Menge Angst. Kein Schaf der Welt wurde so genau beobachtet wie Dolly.

Als das Klonschaf im Jahr 1998 auf ganz natürlichem Weg sein erstes Kind bekam, Bonnie, und später noch drei weitere, ließ die Aufregung nach. Es schien, dass Dolly völlig normal war. Ein Schaf wie

> **WARUM DOLLY?**
>
> Ein Tierpfleger hat dem berühmtesten Schaf der Welt seinen Namen gegeben. Weil die Zellen für Dolly aus der Brustdrüse eines anderen Schafes stammten, fiel ihm der Name Dolly Parton ein. Die amerikanische Countrysängerin ist für ihre großen Brüste bekannt.

jedes andere. Doch dann stellten sich plötzlich Alterskrankheiten bei ihr ein, und im Jahr 2003 starb sie trotz bester Pflege. Im Alter von sechs Jahren. Normalerweise werden Schafe zwölf Jahre alt. Warum Dolly vorzeitig alterte, wissen die Forscher noch nicht. Aber sie sind sehr viel vorsichtiger geworden mit ihren Plänen. Sie haben gelernt, dass es beim Klonen von Säugetieren viel mehr Probleme gibt, als sie dachten. Die Natur hat für Schafe und alle anderen Säugetiere die geschlechtliche Vermehrung vorgesehen, das unterscheidet diese Tiere von Bakterien, Pflanzen, Läusen oder einzelnen Zellen in einem Organismus. Ein Kaninchenzüchter schickt seinen schönsten Kaninchenbock zu seiner schönsten Kaninchendame, um noch schönere Kaninchen zu züchten. Er macht sich die Natur zunutze. Dagegen muss ein Forscher, der Schafe klont, die Natur austricksen.

Damit können wir jetzt endlich eine Antwort auf unsere Frage geben, ob man Menschen klonen darf. Man darf es nicht. Das Klonen ist zu kompliziert und zu riskant, um es an uns, an den Menschen, auszuprobieren. Das Schaf Dolly zeigt, was alles passieren kann. Man muss sich nur mal vorstellen, dass ein geklonter Mensch mit dreißig Jahren plötzlich alt werden würde und sterben. Oder dass ein geklonter Mensch krank zur Welt käme. Es wäre schrecklich. Und niemand kann dafür die Verantwortung übernehmen.

Aus diesem Grund sagt die Tübinger Nobelpreisträgerin Christiane Nüsslein-Volhard, dass man Menschen nicht klonen darf. Aber sie hat noch einen anderen Grund. Selbst wenn es irgendwann einmal besser gelingen würde, Schafe oder Rinder zu klonen, ist es immer noch etwas anderes, einen

---

MENSCHENEMBRYOS GEKLONT

Die meisten Staaten verbieten inzwischen das Klonen von Menschen. Zusätzlich verbieten viele Staaten, darunter auch Deutschland, das Klonen von embryonalen Zellen und die Forschung daran. In Südkorea gibt es solche Verbote nicht. Deshalb gelang es im Februar 2004 erstmals südkoreanischen Forschern, menschliche Embryos zu klonen.

Menschen zu klonen. Tiere verdienen unsere Achtung und unser Mitgefühl, sie haben Freude und können Schmerzen erleiden, aber Tiere wurden immer schon gejagt und gezüchtet, Menschen nicht. Das Besondere an Menschen ist, dass sie Eltern haben, die sich sehr lange um sie kümmern. 18 Jahre müssen Kinder alt werden, bis sie erwachsen sind. So lange sind sie von ihren Eltern abhängig. Ein Klon hätte keine richtigen Eltern. Er hätte keinen richtigen Vater und keine richtige Mutter. Und das, glaubt die Nobelpreisträgerin, kann ein Mensch nur schwer ertragen.

Aber noch etwas zeichnet Menschen aus. Sie haben ein »Ich«, sind etwas Besonderes. Sie wollen sich von anderen unterscheiden, ein einzigartiges Leben führen. Viele sind ihr ganzes Leben auf der Suche nach sich selbst. Sie denken darüber nach, warum sie träumen, warum sie über Witze lachen oder warum griechische Statuen nackt sind. Niemand weiß, wie ein Mensch damit zurecht käme, eine Kopie zu sein. Selbst wenn es eine Kopie von Mozart wäre.

Würde er sich nicht immer an Mozart messen? Angst haben, dass er genauso früh sterben könnte wie Mozart? Bilder anschauen von Mozart? Symphonien von Mozart hören? Andere Menschen können sagen, ich bin nicht so wie mein Vater, ich bin nicht so wie meine Mutter. Der Mozart-Klon aber wüsste nie, was er selbst ist und was Mozart. Sein ganzes Leben lang.

Warum dürfen Erwachsene mehr als Kinder?

Du willst ins Kino, doch der Film ist ab 16, und du darfst nicht rein. Hast du dich endlich an einen Tag gewöhnt und fühlst dich gerade richtig wohl mit ihm, wirst du garantiert ins Bett geschickt. »Du musst morgen in der Schule ausgeschlafen sein«, sagen die Erwachsenen dann. Denen wünschte man mal wieder ihre eigenen Eltern an den Hals. Sollen ihnen doch die Großeltern sagen: »Jetzt wird nicht mehr ferngesehen, macht sofort das Licht aus.«

Kinder haben es schwer. Alles, was toll ist, ist ihnen verboten, immer bekommen sie von den Erwachsenen Dinge zu hören wie: »Du musst jetzt deine Hausaufgaben machen!« »Du sollst nicht so viel Süßigkeiten essen!« »Räum dein Zimmer auf!« Erwachsene sind furchtbare Besserwisser, sie glauben, alles zu können und zu wissen, und andauernd denken sie, man müsse es ihnen Recht machen. Warum kann man nicht mal tauschen, wenigstens einen Tag lang erwachsen sein. Wenn die Erwachsenen dann gehorchen müssten, sähen sie mal, wie das ist: Kind sein.

112 WARUM DÜRFEN ERWACHSENE MEHR ALS KINDER?

> **Ein Rechtswissenschaftler kennt sich mit den Gesetzen und ihrer Auslegung aus. Also fragten wir Eduard Picker, ob er eine Vorlesung darüber halten kann, warum Kinder manches nicht dürfen. Eduard Picker brachte sogar zwei Polizisten in den Hörsaal mit. Polizisten müssen ja hin und wieder auch den Erwachsenen zeigen, wo ihre Grenzen sind. Der Juraprofessor lieferte die rechtlichen Hintergründe zu diesem Beitrag.**

Kinder, sagen die Erwachsenen, ihr habt's gut, aber ihr werdet den Ernst des Lebens schon noch kennen lernen. Das klingt wie eine Drohung. Auch ein bisschen nach Neid. Es klingt gerade so, als hätten Kinder es leichter und besser als die Erwachsenen. Dabei sehen die Kinder das genau andersherum. Sie wären nur zu gerne bereit, diesen Ernst kennen zu lernen, der so lustig ist. Zum Beispiel: Auto fahren und nicht in die Schule gehen; all die ungesunden Dinge essen, die man mag; Kleider tragen, die einem gefallen; sich verabreden, mit wem und wann man will. Kino, Fernsehen, Süßigkeiten – Erwachsensein ist die große Freiheit.

Wer sind diese Erwachsenen eigentlich, dass sie so viel Freiheit haben und über andere bestimmen können? Und warum soll das, was für Erwachsene gut ist, nicht auch für Kinder gut sein? Wer sagt denn, dass eine Kinder-Sonderbehandlung nötig ist? Schauen wir uns doch nur die Tiere an. Viele Tiere bekommen gerade mal Nahrung von ihren Eltern, werden von ihnen beim Jagen oder auf der Suche nach einem Unterschlupf angeleitet, und schon geht es ab ins eigene Leben.

Manche bekommen noch nicht einmal dieses bisschen Erziehung, sie werden in die Welt gesetzt und müssen gleich alleine klarkommen. Die Meeresschildkröten-Mütter verbuddeln ihre Eier am Strand und verschwinden auf Nimmerwiedersehen im Ozean. Aber Menschenmütter legen keine Eier (schon gar keine 120 auf einmal) und überlassen ein werdendes Menschenjunges auch nicht so blindlings seinem Schicksal. Bei den Meeresschildkröten, so schätzt man, erreichen gerade ein bis zwei von tausend Jungen das Erwachsenenalter. Bei den Menschen sähe es noch viel schlimmer aus. Ohne den Schutz und die Pflege von Erwachsenen überlebte kein einziges Baby. Denn Menschenjunge können

MENSCH UND TIER

Dass der Mensch eine längere Kindheit hat als die Tiere, hängt mit seiner Intelligenz zusammen. Neben der körperlichen Entwicklung geht es bei ihm ja auch um die Ausbildung geistiger und seelischer Fähigkeiten. Im Gehirn eines Babys ist der Stammhirn-Bereich schon voll im Einsatz. Vom Stammhirn gehen all die Impulse aus, die das Baby zum Überleben braucht. Das Großhirn, das Informationen aufnimmt, zum Beispiel Bilder erkennen lässt, tritt dagegen erst allmählich seine Arbeit an. Es muss erst noch verschaltet werden. Das Lernen sorgt dafür, dass die verschiedenen Nervenbahnen im Gehirn miteinander verbunden werden.

> **DIE KINDHEIT**
>
> Sie ist nicht nur die Zeit des körperlichen Wachsens und Reifens, sie ist auch die Zeit des Lernens und die Zeit, in der das Zusammenleben mit anderen trainiert wird. Erst mit ungefähr 18 Jahren sind die Menschen ausgewachsen und werden als mündig und reif angesehen. Tiere können nicht mündig werden, aber ausgewachsen sind sie viel früher als der Mensch. Selbst die Menschenaffen, die nächsten Verwandten im Tierreich, brauchen nur zwölf Jahre für ihre Entwicklung.

sich nicht selber versorgen, sie würden jämmerlich verhungern. Und selbst wenn sie einen riesigen Frischhaltetank mit allerbester Muttermilch in ihr Leben mitbekämen, würde ihnen das nicht viel nützen. Für das Leben in der menschlichen Gesellschaft muss man sehr viel besser gerüstet sein als für ein Leben in einem Rudel oder in einer Herde von Tieren. In der menschlichen Gesellschaft ist nicht der Instinkt entscheidend, hier zählen nicht allein die Gesetze der Natur und des Überlebens, sondern ebenso die Erkenntnisse, Ideen, Zwänge und Regeln der Menschen. Und die stecken niemandem im Blut, sie muss man lernen. Zum Glück sind die Menschen mit der Fähigkeit zum Lernen von Natur aus sehr viel besser ausgestattet als die Tiere.

Nun ist bei den Menschen nicht zu allen Zeiten und in allen Gesellschaften die Kindheit gleich lang. Wie lange sie dauert, hängt damit zusammen, ob eine Gesellschaft vor allem aus kleinen Bauern besteht oder aus Molekularbiologen, Ernährungswissenschaftlern und Computerfachleuten, also hochspezialisierten Arbeitskräften mit langen Ausbildungen. Das heißt nicht, dass man so lange Kind ist, bis man endlich sein Examen abgelegt hat. Aber je länger die Ausbildungen im Durchschnitt dauern, desto länger zieht sich auch die Kindheit hin, in der man noch nicht für sich selber sorgen muss und noch nicht seinen eigenen Lebensunterhalt verdient.

Verglichen mit der Härte eines Daseins als Jäger oder Sammler in der Steinzeit, scheinen die heutigen Lebensbedingungen ja ganz gemütlich. Dennoch ist irgendwo der Wurm drin. Die Erwachsenen sagen zu den Kindern: Wie gut ihr es habt! Und die Kinder sagen zu den Erwachsenen: Und ihr erst! Man könnte meinen, alle Menschen haben es schlecht, die Großen wie die Kleinen. Die Großen beneiden die Kleinen, die Kleinen die Großen. Niemand ist zufrieden. Alle fühlen sich benachteiligt.

Zum Glück wird nicht immer und überall nur gejammert. Es gibt auch glückliche Momente im Leben von Erwachsenen und Kindern. Auch wenn Erwachsene und Kinder in sehr verschiedenen Welten leben, gäbe es nicht so viele schöne gemeinsame Momente, würde niemand mehr Kinder bekommen, und die Menschheit wäre längst ausgestorben. Und wenn die Erwachsenen wirklich so schlimm wären, wie die Kinder sagen, dann hätten schon alle ihre Eltern verstoßen.

Gibt es ein Gesetz für frühes Zubettgehen?

Die Beziehung zwischen den Generationen ist allerdings nicht so einfach. Zwischen Kindern und Eltern tut sich ein grundsätzlicher Interessensgegensatz auf.

VERKLÄRUNG DER KINDHEIT

Viele Erwachsene erinnern sich an die Kindheit als eine heile Welt, eine Zeit ohne Probleme, der Streiche, des unbeschwerten Herumtobens, eine Zeit, in der man es immer irgendwie schaffte, den Eltern und Lehrern ein Schnippchen zu schlagen. Die Kindheit bietet viel Stoff für all diejenigen, die immer behaupten, früher sei alles besser gewesen. Das sagt wenig darüber aus, wie es früher tatsächlich war, mehr jedoch darüber, wie der Kindheitsverklärer zur Gegenwart steht und wie er sich auf Veränderungen einstellen kann: eher schlecht.

> **DER LANGE SCHLAF**
>
> Warum kann man nicht abends später ins Bett und morgens länger ausschlafen? Kleine Kinder haben zwar mit dem Zubettgehen Probleme, aber sie wachen morgens dafür meist früh und freiwillig auf. In der Pubertät ändert sich der Biorhythmus, und das liegt an dem Hormon Melatonin. Man kann abends nicht einschlafen, und morgens fällt das frühe Aufstehen entsprechend schwer. Warum lässt man also die Schule nicht »zum Besten« der Jugendlichen später anfangen?

Ein Beispiel aus dem täglichen Leben: Das Kind will nicht ins Bett, schon gar nicht vorher die Zähne putzen und erst recht nicht hinterher gleich das Licht ausmachen. Ich zähle bis drei, sagt die Mutter, dann bist du im Bad. Entweder verzieht sich das Kind jetzt unwillig brummend, oder es beschließt, die Sache zu überhören und weiterzuspielen. Also wird die Stimme der Mutter lauter, vielleicht auch etwas tiefer, und sie sagt, wenn du jetzt nicht sofort verschwindest, dann, ja dann – ja, was dann? Dann stößt sie in der Regel Drohungen aus, die das Kind mehr oder weniger empfindlich treffen: Das reicht von Süßigkeiten-, Spiel- und Fernsehverbot bis hin zu Stubenarrest. Irgendwann wird das Kind jedenfalls im Bett landen – vermutlich nicht aus freien Stücken.

Zwischen Erwachsenen und Kindern gibt es einen klassischen Zielkonflikt: Die Kinder haben das Ziel, so lange wie möglich aufzubleiben, weil sie keine Minute Leben versäumen wollen, die Eltern haben das Ziel, die Kinder so früh wie möglich im Bett zu haben, weil sie wissen, dass die Kinder viel Schlaf und sie selber auch mal Ruhe vor ihnen brauchen, um erwachsene Dinge zu tun. Muss man groß sagen, wer nachgeben wird? In der Regel die Kinder.

Die Erwachsenen verlangen Dinge, die den Kindern nicht gefallen, sie sitzen dabei am längeren Hebel und sagen den Kindern auch noch fortwährend: Es ist nur zu deinem Besten. Wo steht eigentlich geschrieben, was zum Besten der Kinder ist? Wo steht: Kinder unter sechs Jahren haben bis acht Uhr abends zu ihrem Besten im Bett zu sein? Oder: Zuwiderhandlungen werden mit extralangen Aufenthalten in Gitterbetten bestraft?

In den Gesetzen steht vieles zum Schutz und zum Wohl der Kinder, aber von einer bestimmten Zubettgehzeit ist dort nicht die Rede. Fachleute empfehlen für Kinder zwar um die zehn und mehr Stunden Schlaf pro Tag, aber der Staat, der hinter den Gesetzen steht, hält sich da raus. Er überlässt es den Eltern, die Schlafenszeit ihrer Kinder zu bestimmen. Ist man also eine ganze Kindheit lang nur ohnmächtiger Empfänger elterlicher Befehle, abhängig von den Eingebungen und Ideen der Eltern? Ein kleiner Leibeigener, der von Haus und Geburt aus Glück oder Pech haben kann? Vor vielen Jahren sah es einmal ganz so aus.

Jeder hat schon mal Geschichten von Großeltern oder Urgroßeltern gehört. Zum Beispiel diese: als ich einmal eine freche Antwort gab und was darauf folgte. Den Erwachsenen nicht genügend Respekt zu zeigen, war eines der Vergehen, für die es die familiäre Höchststrafe gab. Und die bestand aus Prügeln mit dem Stock, Ohrfeigen, Schlägen auf die Finger... Untereinander konnten sich die Erwachsenen dagegen streiten und beschimpfen, wenn sie nicht gerade handgreiflich wurden – kein Grund zur Strafe. Sich im Ton zu vergreifen, mit Erwachsenen auf gleicher Augenhöhe zu sprechen, galt noch vor dreißig Jahren zwar nicht als Staatsverbrechen, aber zumindest im Elternhaus als strafbare Handlung.

In früheren Zeiten machte man um Kinder viel weniger Aufhebens als heute. Unvorstellbar, dass man auch nur annähernd so viel Zeit und Liebe in die Erziehung und Ausbildung eines Kindes gesteckt hätte wie heute. In der Antike gab es zwar auch schon Schulen, aber besucht wurden sie nur von den Söhnen freier Bürger. Später war es über viele Jahrhunderte ebenfalls eher ruhig um Kinder und Kindheit. Manche Historiker sagen, bis ins 17. Jahrhundert habe es keine Kindheit gegeben, andere

DIE LÄSTIGEN KINDER

Selbst in Königshäusern waren die Kinder nicht immer wohlgelitten. Sophie, Kurfürstin von Hannover und Stammmutter der Preußenkönige, kam als zwölftes Kind auf die Welt. Sie schreibt im Jahr 1630 in ihren Erinnerungen: »Kaum war ich so weit, dass ich fortgeschafft werden konnte, als die Königin, meine Mutter, mich nach Leiden schickte, (...) wo Ihre Majestät alle ihre Kinder fern von sich erziehen ließ, denn der Anblick ihrer Affen und ihrer Hunde war ihr angenehmer als der unserige.«

widersprechen dem. Sie sagen, auch früher habe man Kinder als Kinder wahrgenommen, und belegen das unter anderem mit Briefen aus dem Spätmittelalter, in denen Eltern auch schon die Entwicklungsschritte ihrer Kinder liebevoll beschreiben.

Die Kindheitsforscher haben es nicht leicht. Denn die Erziehung der Kinder ist und war so unterschiedlich wie die Lebensumstände der Eltern und die gesellschaftlichen und regionalen Bedingungen, in denen Kinder aufwachsen. Zwischen Kindern, die im gleichen Jahr geboren wurden, können doch Jahrhunderte liegen, denn entscheidender als dasselbe Geburtsjahr ist, ob ein Kind in eine Bauern- oder eine Adelsfamilie hineingeboren wird, als Indianer- oder weißes Kind, als Junge oder Mädchen und ob in seinem Umkreis überhaupt Möglichkeiten und Orte zum Lernen vorhanden sind.

Sind Kinder nicht doch kleine Erwachsene?

Die Liebe und Aufmerksamkeit, die den Kindern heute im Allgemeinen von ihren Eltern entgegengebracht wird, ist noch ziemlich neu, erst um die zweihundert Jahre alt. Heute sagen viele Eltern: Die Kinder sind das Wichtigste in unserem Leben. Das schlimmste aller möglichen Ereignisse wäre für sie der Tod eines Kindes. Wie anders Eltern früher empfanden, dafür steht ein Satz des französischen Philosophen Michel Eyquem de Montaigne aus dem 16. Jahrhundert. Er schrieb: »Ich habe zwei oder drei Kinder im Säuglingsalter verloren, nicht ohne Bedauern, aber doch ohne Verdruss.« Das ist aber ein gefühlloser Vater, der noch nicht einmal weiß, wie viele seiner Kinder gestorben sind, und nur ein wenig Bedauern spürt!

DER VATER FRÜHER

Das antike römische Recht ging von der väterlichen Gewalt aus, der Vater allein bestimmte über Leben, Freiheit und Erbschaft des Kindes. Die Söhne wurden erst nach dem Tod des Vaters mündig, also vielleicht erst mit 40 Jahren aus der väterlichen Herrschaft entlassen. Die Töchter waren mit dem Tod des Vaters zwar auch von seiner Herrschaft befreit, aber über ihre Kinder hatten nur die Ehemänner zu bestimmen. Das germanische Recht sah den Vater als Schutzpatron, Frau und Kinder waren ihm gleichermaßen unterstellt. Von diesen beiden Rechtstypen wurde der deutsche und auch der europäische Vater geprägt.

Dazu muss man allerdings wissen, dass der frühe Tod von Kindern jahrhundertelang keine außergewöhnliche Erfahrung für Eltern war. Die hohe Kindersterblichkeit hing mit mangelnder Hygiene, also geringer Sauberkeit, und schlechter Ernährung zusammen. Sie traf nicht nur die armen, sondern auch die reichen Leute, das lag vor allem daran, dass wohlhabende Frauen ihre Kinder nicht stillten.

Im London des 17. Jahrhunderts überlebte nur jedes zweite Kind seine ersten beiden Jahre. Die Frauen brachten oft um die zehn Kinder auf die Welt, von denen nur sehr wenige das Erwachsenenalter erreichten. Einerseits brauchte man die Kinder als Arbeitskräfte, andererseits konnte ihre Zahl die Familie jedoch noch mehr in Not und

KINDER IN DEN KNAST?

Bei der Vorstellung schaudert es einen: Kinder im Gefängnis! Früher war das nicht außergewöhnlich. Ein Dieb war ein Dieb, egal welches Alter er hatte. Heute ist man bis zum Alter von 14 Jahren schuldunfähig. Mit 14 Jahren kann man zwar bestraft werden, aber bis zum Alter von 18 Jahren nur nach dem sogenannten Jugendstrafrecht. Das kennt im Vergleich zum Erwachsenenstrafrecht andere und mildere Strafen. Zum Beispiel kann es den jugendlichen Straftäter zu gemeinnützigen Arbeitseinsätzen oder sozialen Trainingskursen schicken oder in einer Wohngruppe unterbringen, die von Sozialarbeitern betreut wird. Nur im schlimmsten Fall müssen Jugendliche (für höchstens zehn Jahre) in eine Jugendstrafanstalt. Bei 18- bis 20-Jährigen entscheidet der Richter je nach Reife des Täters, ob Jugend- oder Erwachsenenstrafrecht gilt.

Elend stürzen, und so erging es vielen Kindern ähnlich wie Hänsel und Gretel. Sie wurden von ihren Eltern ausgesetzt, leider nicht mit einem ähnlich schönen Ende wie im Märchen. Vom späten Mittelalter und bis ins 18. Jahrhundert gab es in vielen großen Städten Findelhäuser. Sie nahmen die Kinder auf, die ausgesetzt worden waren. Doch allein die Existenz dieser Häuser führte dazu, dass noch mehr Kinder ausgesetzt wurden. Es sei eben leichter, ein Kind auszusetzen, als es zu töten, sagten Kritiker dieser Einrichtungen. Denn im Grunde verlagerte sich das Problem nur auf die Häuser. Mitte des 18. Jahrhunderts kamen 15 000 Kinder ins Londoner Findelhaus, 10 000 von ihnen waren schon kurze Zeit später gestorben.

Obwohl auf Kindsmord Todesstrafe stand, stiegen die Tötungszahlen bis ins 18. Jahrhundert an. Meist waren es unverheiratete Mütter, die ihre Kinder umbrachten, denn eine uneheliche Geburt war eine furchtbare Schande, oft wurden die Frauen öffentlich gezüchtigt und verloren ihre Stellung.

Kindheit früher konnte ein großes Unglück sein. Kinder lernten die Härte des Lebens viel früher kennen, Kinder wurden nicht besonders behütet, sie führten ein viel erwachseneres und risikoreicheres Leben als heute. Auch wenn es den Kindern von heute schwer fällt, das einzusehen: Für sie liegt ein großes Glück gerade darin, dass sie nicht mehr wie zu klein geratene Erwachsene behandelt werden. Dass ihnen Zeit gegeben wird, sich körperlich und geistig zu entwickeln, bis sie die gleichen Rechte und Pflichten wie die Erwachsenen haben. Ihr Kinderalltag ist eine Schutzzone. Sie lässt ihnen Zeit, sich ans Erwachsenendasein zu gewöhnen.

In ihrem früheren erwachseneren Leben, zum Beispiel vor zweihundert Jahren in England, arbeiteten dagegen viele Kinder unter erbärmlichsten Bedingungen in der Fabrik. In den Webereien schufteten sie bis zu 16 Stunden am Tag und unter Verhältnissen, wie man sie heute im Traum keinem Erwachsenen zumuten würde. Die Kinder wurden krank von dieser Arbeit, konnten sich nicht altersgerecht entwickeln, verkrüppelten seelisch und körperlich. Solche Kinderarbeit wird niemand mehr ernsthaft gutheißen, doch sie ist immer noch nicht in allen Ländern der Erde verboten. Mancherorts ist sie für den Lebensunterhalt ganzer Familien sogar unverzichtbar. Weltweit, so schätzt man, müssen 250 Millionen Kinder zwischen fünf und 14 Jahren regelmäßig arbeiten. In Indien stehen Kinder in den Textilfabriken und sind ungeschützt Giftstoffen ausgesetzt. Im Irak oder in Afghanistan knüpfen sie unter elenden Bedingungen Teppiche. Und in Thailand blüht trotz aller Verbote die schlimmste aller Arten von Kinderarbeit, die Kinderprostitution. Jungen und Mädchen verkaufen sich für sexuelle

ZULÄSSIGE KINDERARBEIT

Wenn die staatliche Aufsichtsbehörde zustimmt, dürfen bereits Dreijährige ausnahmsweise bis zu zwei Stunden täglich etwa als Darsteller an Musikveranstaltungen oder Fernsehsendungen teilnehmen. Von sieben Jahren an kann es dann schon eine Stunde mehr sein. Mit Einwilligung der Personensorgeberechtigten, also in der Regel der Eltern, darf man von 13 Jahren an zwei Stunden – in der Landwirtschaft sogar drei Stunden – pro Tag mithelfen, wenn die Beschäftigung leicht und für Kinder geeignet ist. Aber halb- oder ganztags dürfen Jugendliche erst ab 15 Jahren beschäftigt werden und nicht länger als vier Wochen, und zwar während der Ferien.

Dienste an männliche Touristen. In Deutschland wurde Kinderarbeit erstaunlich spät offiziell verboten, nämlich erst 1976.

Wer hatte das letzte Wort in der Erziehung?

Eltern können es sich nicht immer leisten, das Beste für ihr Kind zu wollen. Und was das Beste ist, hängt weder allein von den Bedürfnissen des Kindes noch von den Eltern, sondern auch davon ab, was zur Sicherung der Existenz notwendig ist und was eine Gesellschaft vom Einzelnen erwartet. Wenn dies alles immer perfekt zusammenpassen würde, bräuchte man keine Gesetze.

Es war ein weiter Weg, bis die Erwachsenen erkannten, dass Kinder nicht das Eigentum ihrer El-

---

DIE FAMILIE

Man spricht sogar von der Familie als Keimzelle, also der wichtigsten Einheit der Gesellschaft. Manche wollen darunter allerdings nur das immer seltener werdende Vater-Mutter-Kind-Modell verstehen. Es gibt aber nicht nur diese Form des Familienlebens. Familien mit allein erziehenden oder getrennt lebenden Müttern und Vätern sind genauso gut als Keimzellen anzusehen wie der klassische Dreier oder Vierer.

tern sind. Ohne die Schule – die nicht zufällig vom Himmel fiel, sondern mit den wachsenden Ansprüchen an Bildung wichtig wurde (siehe auch: »Warum ist die Schule doof?« im ersten Kinder-Uni-Band) – hätten sie das vielleicht nie begriffen. Selbst im 20. Jahrhundert, das als das Jahrhundert des Kindes bezeichnet wird, galt in Deutschland bis in die fünfziger Jahre noch das väterliche Züchtigungsrecht. Dem Vater war gesetzlich ausdrücklich erlaubt, angemessene Zuchtmittel gegenüber seinen Kindern einzusetzen. Bis Ende der fünfziger Jahre blieb der Vater sogar der alleinige gesetzliche Vertreter des Kindes. Er hatte auch gegenüber der Mutter das allerletzte Machtwort, wenn sich die Eltern in der Erziehung nicht einig waren. Dann endlich befand das allerhöchste Gericht der Bundesrepublik, das Bundesverfassungsgericht, dieses Gesetz verstoße gegen das Grundgesetz.

> **KINDER GEGEN ELTERN**
>
> In Deutschland können Kinder im Gegensatz zu den USA nicht direkt gegen ihre Eltern vor Gericht ziehen. Sie müssen immer zuerst zum Jugendamt und sich dort einen gesetzlichen Vertreter suchen, der die Klage gegen die Eltern führt.

Gewöhnlich werden Frauen und Kinder als Erste bei Sturmfluten, Bergrutschen und anderen Weltuntergängen in Sicherheit gebracht. Selbst im Krieg gibt es männliche Ehrenregeln, nach denen Frauen und Kinder nicht angegriffen werden sollen. Eigentlich können Frauen und Kinder froh darüber sein und sollten gewiss nicht das gleiche Recht auf Tötung wie die Männer für sich verlangen. Aber der männliche Ritter- und Rettergedanke hat auch eine Kehrseite, denn Frauen und Kinder wurden lange Zeit nicht für voll genommen. Mittlerweile haben sich die Machtverhältnisse in den Familien, nach der Aufteilung in männlich (gleich mächtig) und weiblich (gleich ohnmächtig), zwar weitgehend geändert, der Rittergedanke jedoch ist geblieben.

Die Frauen waren die besten Verbündeten der Kinder. Als die Frauen den Männern rechtlich gleichgestellt wurden, verbesserte sich nämlich auch die Lage der Kinder. In den Gesetzen wurde die väterliche Gewalt in eine gemeinsame elterliche Sorge umgewandelt. Das klingt nicht nur schöner, es bedeutet auch etwas anderes. Es gibt keinen alleinigen Bestimmer mehr, beide Eltern sind jetzt sorgeberechtigt. Sorgeberechtigt ist ein komisches Wort, es heißt nicht, dass nur Eltern sich Sorgen machen dürfen. Natürlich dürfen auch Tanten und Onkel um ihre Nichten und Neffen besorgt sein, aber die Entscheidungen über die Pflege und Erziehung des Kindes treffen die Eltern. Sie sollten dabei, so betont das Gesetz, auch immer die Selbstständigkeit des Kindes im Auge haben und sich mit ihm besprechen. Das alles gehört zur Sorgeberechtigung.

Wäre Vater Staat der bessere Erzieher?

Eltern dürfen also nicht, so wie es ihnen gerade gefällt, über ihr Kind verfügen. Wenn sie dem Kind nachweisbar schaden, dann kann es aus seiner wirklichen Familie herausgenommen und in einer Pflegefamilie untergebracht werden. Allerdings müssen Eltern sich ihrem Kind gegenüber sehr übel verhalten haben, bis der Staat auf diese Weise eingreift. Denn die Gesellschaft baut weitgehend darauf, dass Eltern ihre Kinder lieben, für sie sorgen, ihnen zu essen, eine Wohnung geben, sie in ihren Talenten fördern statt zu behindern und vorleben, was menschliches Zusammensein bedeutet. Dass sie eben ihr Bestes wollen.

Wenn der Staat nicht grundsätzlich davon ausgehen würde, dass Eltern sich bemühten, die Erziehung ernst zu nehmen, und das Beste für ihr Kind

---

VERABSCHIEDEN

Man kann Gesetze oder auch einfach Papiere verabschieden. Heißt das, man hat das Papier gleich wieder weggeschickt, ihm nachgewunken und »tschüss!« hinterhergebrüllt? Nein, Abschied heißt hier, dass das Papier sich aus den Beratungsrunden und von seinem Dasein als Diskussionspapier verabschiedet. Wenn ihm in einer so wichtigen Versammlung, wie etwa den Vereinten Nationen, die meisten zustimmen, dann ist es mehr als ein Papier, dann ist es eine Konvention, eine Übereinkunft von Weltrang.

anstrebten, müsste er sie dauernd überwachen oder ihnen am besten gleich die ganze Erziehung abnehmen. Dann hätte der Staat auf einen Schlag aber sehr viel Arbeit und sehr hohe Kosten. Und wer sagt, dass er in der Kindererziehung erfolgreicher wäre als die Eltern? Der Staat, sofern es kein gewalttätiger Befehlsstaat ist, handelt nach dem Prinzip, nicht mehr als unbedingt nötig in die Familie einzugreifen. Jedenfalls geben die meisten Staaten den Eltern einen ordentlichen Vertrauensvorschuss. Manchmal ist der höher, als die Eltern im Einzelfall verdienen und gut für das Kind ist.

So ist bis heute nur in erstaunlich wenigen Staaten den Eltern gesetzlich verboten, ihre Kinder zu schlagen oder zu prügeln. In den skandinavischen Ländern, in Finnland und Zypern können Eltern dafür bestraft werden. Seit 2001 auch in Deutschland. Seit dieser Zeit steht im Familienrecht des Bürgerlichen Gesetzbuches: »Kinder haben ein Recht auf gewaltfreie Erziehung, körperliche Bestrafungen, seelische Verletzungen und andere entwürdigende Maßnahmen sind unzulässig.«

Das Grundgesetz, die gesetzliche Grundlage des Staates, beachtet die Kinder allerdings nicht besonders. Hier steht zwar geschrieben, dass niemand aufgrund seines Geschlechtes, seiner Herkunft oder seiner Religion benachteiligt werden darf, aber von Alter ist da nicht die Rede. Es gibt immer wieder Vorstöße, die Rechte der Kinder stärker im Grundgesetz zu verankern. Dort heißt es bisher nur, dass »Ehe und Familie« unter besonderem Schutz stehen und dass Pflege und Erziehung der Kinder »das natürliche Recht der Eltern und die zuvörderst ihnen obliegende Pflicht« ist.

WAHLALTER SENKEN?

Derzeit wird diskutiert, ob man das Wahlalter nicht herabsetzen sollte. Nicht erst mit 18, sondern schon mit 16 Jahren könnte man dann wählen. Jugendliche hätten die Möglichkeit, sich früher in den Regeln der Demokratie einzuüben. Bei manchen Kommunalwahlen, so etwa in Nordrhein-Westfalen, darf man inzwischen schon mit 16 Jahren wählen. Kritiker halten die **leichte Beeinflussbarkeit von Jugendlichen dagegen. Wenn es nur danach ginge, sollte vielleicht auch ein großer Teil der Erwachsenen besser nicht wählen.**

Manche Politiker wollen das ändern; andere sind der Meinung, die vorhandenen Grundgesetz-Artikel reichen aus, um die Rechte der Kinder zu sichern.

Sind Kinderrechte unnötige Extrawürste?

> **NEUER JUGENDSCHUTZ**
>
> Seit April 2003 ist in Deutschland ein neues Jugendschutzgesetz in Kraft. Die Gefahren des Rauchens, auch die Allgegenwart der Gewalt in Computerspielen waren die Hauptgründe für die Neuauflage. Zum Beispiel mussten Computerspiele zuvor nicht mit Altersempfehlungen gekennzeichnet werden. Wenn Händler Spiele an jüngere Kinder abgeben, können sie nun mit hohen Bußgeldern rechnen. Tabak darf nun auch nicht mehr an Kinder oder Jugendliche unter 16 Jahren verkauft und in den Kinos darf vor 18 Uhr keine Werbung für Tabak und Alkohol gemacht werden.

Fast alle Staaten der Erde haben ein Papier der Vereinten Nationen unterschrieben, in dem sie sich verpflichten, für die Rechte der Kinder einzutreten. Die USA und Somalia sind die Einzigen, die es bislang noch nicht unterzeichneten. Aber auch die Länder, die ihre Unterschriften unter das Papier setzten, geben keine Garantie dafür ab, dass bei ihnen alle 54 Artikel eingehalten werden. In Deutschland beispielsweise geht es den Kindern verglichen mit ihren Altersgenossen in armen Ländern gut. Doch selbst hier werden nicht alle Kinder vom Gesetz gleich gut behandelt. Die UNO-Kommission, also eine internationale Organisation der Staaten, kritisierte solche Ungereimtheiten im deutschen Recht, und viele Deutsche kritisieren das auch. So haben zum Beispiel Kinder, die nicht in Deutschland geboren und hierher geflüchtet sind, weniger Rechte als die einheimischen. Das Recht der Kinder, bei ihren Eltern zu leben, gilt unter Umständen bei Flüchtlingsfamilien nicht. Da können Kinder auch ohne Familie in ihr Herkunftsland abgeschoben werden, selbst um den Preis, dass sie dort in einem Waisenhaus leben müssen.

Ausländerbehörden machen mitunter keinen Unterschied zwischen ausländischen Kindern und ausländischen Erwachsenen. Auch Inhaftierungen sind bei ausländischen Kindern gesetzlich möglich,

während einheimische Kinder unter 14 Jahren auf keinen Fall eingesperrt werden dürfen.

Es kann also nicht schaden, wenn viele wichtige Männer und Frauen, die für die große Weltorganisation, die Vereinten Nationen, arbeiten, den Erwachsenen auf die Finger gucken. Die Grundlage dafür ist das Papier »Die Rechte des Kindes«, das zehn Jahre lang beraten und am 20. November 1989 von der Generalversammlung der Vereinten Nationen in New York verabschiedet, also mehrheitlich angenommen wurde.

Was steht in dieser Übereinkunft, die von fast allen Staaten der Erde unterschrieben wurde? In 54 Artikeln wird aufgezählt, wozu sich die Staaten zum Wohl und Schutz der Kinder verpflichten. Sie wollen die Gesundheit der Kinder schützen, die Unter- und Fehlernährung bekämpfen, ihren Lebensunterhalt sichern, sie billigen Kindern das Recht auf freie Meinungsäußerung und Religionswahl zu. Sie versprechen, alles für die Bildung der Kinder zu tun und alles zu ihrem Schutz vor körperlicher Gewalt und wirtschaftlicher Ausnutzung, etwa durch Kinderarbeit, zu unternehmen. Sie wollen auch unbedingt dafür sorgen, dass ein Kind nicht gegen seinen und den Willen seiner Eltern von ihnen getrennt wird. Es sei denn, die Trennung wäre zum Wohle des Kindes notwendig, weil es von den Eltern misshandelt wird. Aber leider können die Staaten, in denen diese Rechte missachtet werden, nicht vor ein Gericht gestellt und verurteilt werden. Vielleicht würden sie dann besser auf die Einhaltung der Rechte aufpassen.

Vielleicht werden manche Kinder einwenden: »Wir haben genug zu essen, schöne Zimmer, Klamotten, müssen zwar leider arbeiten, aber nur für

DER TASCHENGELD-PARAGRAPH

Eigentlich müssten die Eltern alle Verträge, die man abschließt, solange man noch keine 18 Jahre ist, genehmigen. Das könnte sehr unpraktisch sein. Selbst ein 16-Jähriger dürfte dann nur mit Zustimmung der Eltern ein Heft kaufen, und vor dem Getränkestand müsste er oder sie erbärmlich verdursten, wenn kein Erwachsener zu Hilfe eilte. Deshalb gibt es im Bürgerlichen Gesetzbuch den Paragraphen 110. Der Taschengeld-Paragraph gibt Kindern die Möglichkeit, Dinge in Taschengeldpreislage zu erwerben, vorausgesetzt, sie bezahlen sie sofort. Denn Schulden dürfen Kinder nie machen.

die Schule, wir dürfen stundenlang diskutieren, können evangelisch, katholisch, muslimisch oder religionslos sein, aber am Ziel unserer Wünsche sind wir deshalb noch lange nicht. Zu vieles wird uns verboten. Arnold Schwarzenegger dürfen wir beispielsweise erst mit 16 Jahren als ›Terminator‹ sehen, Auto fahren dürfen wir erst mit 18, nicht mal tanzen gehen lässt man uns, und einkaufen, was uns gefällt, dürfen wir auch nicht. Wenn Schutz bedeutet, dass man kaum etwas darf, dann verzichten wir gerne darauf. Freiwillig.« Der freiwillige Verzicht ändert jedoch nichts an den Bestimmungen. Ein besonderes Jugendschutzgesetz schützt alle Unter-18-Jährigen, ob sie wollen oder nicht.

Was hat Rauchen mit dem Alter zu tun?

Unter 15 Jahren gilt man in den Gesetzen als Kind, zwischen 15 und 17 Jahren ist man ein Jugendlicher, erst ab 18 ist man erwachsen. Alle unter 18 Jahren sind minderjährig – egal, wie verständig sie sind oder wie groß ihre Füße, wie toll die Schulnoten oder wie viele Musikinstrumente sie spielen, egal auch, ob der Vater Bundespräsident oder die Mutter Ministerin ist, sie dürfen bestimmte Dinge nicht tun. Manches darf man eben erst, wenn man volljährig ist. Zum Beispiel wählen. Für Landtags- und Bundestageswahlen muss man 18 Jahre alt sein. Auch wenn man nach Mitternacht in der Disco bleiben will, wenn man ein eigenes Girokonto eröffnen oder den Autoführerschein machen, Schnaps trinken, ohne Ausnahmegenehmigung heiraten oder sich piercen lassen will, muss man 18 Jahre alt sein. Das Zigarettenrauchen können einem die Eltern, so

---

ÜBERALL LAUERN VERTRÄGE

Verträge schließt man ab, indem man etwa ein Papier unterschreibt, auf dem steht: »Hiermit verpflichte ich mich, bis zu meinem 18. Lebensjahr keine einzige Zigarette zu rauchen. Wenn es mir gelingt, erhalte ich von meiner Mutter 500 Euro, wenn es mir nicht gelingt, werde ich ihr 250 Euro zahlen.« Daneben schließt man jedoch den ganzen Tag lang Verträge ab, ohne es zu merken, bei jedem Kauf, schon beim einfachen Brötchenkauf. Zum Glück muss man dabei nicht auch noch Papier und Stift zücken, sonst käme man kaum noch zum Brötchenessen.

ist ihnen gesetzlich gestattet, ebenfalls bis zur Volljährigkeit verbieten. Sie können es zumindest versuchen. Öffentlich zu rauchen ist unter 16 Jahren ohnehin nicht erlaubt. Da nicht jedem das Alter auf der Stirn geschrieben steht, werden die Zigarettenautomaten auf Geldkarten umgerüstet, die das Alter ihres Besitzers verraten. Der Zigarettenautomat wird dennoch auszutricksen sein, eine kleine Hürde auf dem Weg in die Zigarettensucht ist dieses Abgabeverbot aber schon.

Der Grund für den Hindernislauf beim Zigarettenkauf liegt auf der Hand und steht auch auf jeder Zigarettenpackung geschrieben: Rauchen schadet

ROLLENWECHSEL BEIM RAUCHEN

Mittlerweile machen aufgeklärte Kinder ihren Eltern die Hölle heiß und das Raucherleben schwer. Nicht selten versuchen Kinder, ihre unvernünftigen Eltern zu erziehen, denn Rauchen schadet der Gesundheit ja in jedem Alter. Mit Zigaretten verstecken und Ermahnungen kommen aber auch die Kinder nicht weit. Immerhin ist dieser Rollenwechsel für alle Beteiligten lehrreich.

der Gesundheit. Insbesondere der Gesundheit von Heranwachsenden. Und da die meisten Raucher im jugendlichen Alter mit der Sucht begonnen haben, sollten sie gerade in dieser Zeit von ihr fern gehalten werden.

Ein anderes Laster soll den Jugendlichen ebenfalls vom Hals gehalten werden: Alkohol. Unter 16

Jahren ist er verboten. Bier und Wein darf an 16-Jährige ausgeschenkt oder verkauft werden, härtere Getränke wie Schnaps jedoch erst an 18-Jährige. Diese Einschränkungen zum Wohle ihrer Gesundheit werden Kinder nicht weiter stören. Auch die Disco-Einschränkungen treffen Jugendliche härter als Kinder. Ab 16 kann man sich bis Mitternacht in Gaststätten aufhalten, länger dürfen es nur 18-Jährige. Auch diese Regelungen haben gesundheitliche Gründe.

Darf man wenigstens sein Taschengeld verjuxen?

Dass sie körperlich noch nicht ganz auf der Höhe von Erwachsenen sind, das mögen Kinder ja noch einsehen. Schließlich kann man das auch in Zentimetern messen. Doch wenn es um die innere Entwicklung geht, um die Reife, dann betrachten sich manche schon als erwachsen. Vielleicht sogar als mehr als erwachsen. Was wissen schließlich die Erwachsenen schon über Gameboys, was über Playstation-Spiele, über Pokémon oder über die neuesten Entwicklungen auf dem Spielzeugmarkt der Kraftprotze und die hippesten Modetrends bei Barbie und ihren Schwestern? Kinder empfinden sich da zu Recht als Experten, warum also sollten sie dann nicht auch den Einkauf selber besorgen?

Dennoch sind viele Eltern nicht besonders begeistert, wenn die Kinder sagen: Wir gehen shoppen! Die Drohung, einen Einkaufsbummel mit ungewissem Ausgang zu machen, löst bei ihnen keine Freude aus. Wenn Shoppen jedoch bedeutet, im 59-Cent-Laden nach Nützlichem aus dem Reich der 59-Cent-Angebote zu stöbern, dann spricht eigentlich nichts dagegen. Fast nichts. Nur schon wieder das Meckern der Erwachsenen, die einem all das sagen, was man ohnehin schon weiß. Nämlich, dass die Ware aus diesem Laden gleich hinter der Kasse kaputtgeht, dass man eh schon so viel Zeug im Zimmer herumfliegen hat und dass man sein Taschengeld nicht so aus dem Fenster werfen soll.

Der 59-Cent-Preis ist auf der Höhe des Taschengeldes von Kindern angesiedelt. Der Laden könnte also auch »ab 7« heißen, denn ab diesem Alter dürfen Kinder in solchen Preisklassen selbstständig Einkäufe machen. Der Gesetzgeber traut ihnen nur eine eingeschränkte Geschäftsfähigkeit zu, doch wie groß ihr finanzieller Spielraum ist, das hängt vom Geldbeutel der Eltern ab. Minderjährige Kinder dürfen eben nicht über die Verhältnisse ihrer Eltern leben, diese Regel gehört auch zum Abc der Wirtschaft.

Bei einer Digitalkamera für 599 Euro wäre jeder Verkäufer gut beraten, er würde sie nicht an ein Kind verkaufen. Selbst wenn das Kind sie bar von seinem Taschengeld bezahlte, kann er ja nicht sicher sein, dass es so ist. Der Vertrag, den man bei jedem Kauf abschließt, wäre dann nicht gültig.

DIE ALTERSFINDER

»Freigegeben ab 6 Jahren« steht an den Kino-Anschlagtafeln und daneben auch noch FSK. FSK bedeutet: »Freiwillige Selbstkontrolle der Filmwirtschaft«. Die Idee dahinter: Jugendschutz gelingt nicht dadurch, dass sich der Staat auf die Lauer legt und verbietet, was ihm nicht passt. Die bessere Lösung ist, der Staat oder seine Jugendschutzbehörden beauftragen die Kinobetreiber und Filmfirmen, die Filme kritisch zu begutachten.

Die Eltern können – außer beim Einkauf mit Taschengeld – verhindern, dass Verträge ihrer Kinder gültig werden. Der Verkäufer muss das Geld, das Kind die Ware wieder herausrücken. Selbst wenn es das ureigene Geld des Kindes ist, lässt sich der Handel rückgängig machen. Wenn die Digitalkamera dann kaputt ist, hat der Verkäufer Pech gehabt. Erwachsene Kunden kämen nicht so billig davon. Kinder sind eben keine vollwertigen Kunden und, so ungerecht das zunächst scheint, dafür vom Gesetz besonders geschützt.

Aber es kommt noch ungerechter. Da hat sich ein Junge von seinem Taschengeld für zwei Euro ein Lotterielos gekauft. Und Riesenglück gehabt. Er gewinnt 500 Euro. Da er 16 Jahre alt ist und auch schon einen Mofa-Führerschein in der Tasche hat, beschließt er, sich von dem gewonnenen Geld ein Mofa zu kaufen. Dem Händler legt er seinen Führerschein vor, die 500 Euro hin, und schon gehört das Mofa ihm. Seine Eltern sind jedoch entsetzt über den Kauf, sie wollen nicht, dass ihr Sohn mit einem dieser unfallträchtigen Flitzer durch die Gegend fährt, und gehen mit ihm zum Händler. Muss der Händler nun den Kauf rückgängig machen? Ja, er muss. Und daran hat sich, obwohl sich in den letzten hundert Jahren sonst so viel getan hat, nichts geändert.

Schon im Jahre 1910 entschied das Reichsgericht in einem ähnlichen Fall so, und auf diese Entscheidung berufen sich heute noch die Gerichte. Ja, wenn's gegen die Kinder geht, halten die Erwachsenen sogar durch die Jahrzehnte wie Pech und Schwefel zusammen. Andererseits hat das Reichsgerichtsurteil aber auch sein Gutes. Es bewahrt Kinder oder Jugendliche vor eigenmächtigen Entscheidungen mit gesundheitlichem Risiko, vor Wucherkäufen und unüberlegten Geldausgaben. Wer hat nicht schon einmal viel zu viel Geld für ein Spielzeug ausgegeben, das zwar zunächst toll aussah, aber nach kürzester Zeit uninteressant wurde?

Die Wirtschaft soll vor Schaden, und Kinder und Jugendliche sollen vor Fehlern bewahrt werden, durch die sie hinterher tief in der Tinte sitzen. Erwachsene machen ja leider oft genug vor, wie's geht. Und es gibt Situationen, in denen Jugendliche speziell gefährdet sind. Mit einem Handy können sie, ohne es gleich zu merken, sehr hohe Schulden machen. Einen Handy-Vertrag, wie überhaupt Zukunftsgeschäfte, können Minderjährige nicht abschließen. Ein solcher Vertrag muss über die Eltern laufen. Schließlich sollen Jugendliche nicht schon mit einem unüberlegten Kauf ihr Taschengeld für die nächsten zehn Jahre verjubeln.

Warum gibt es kein Kinderrecht auf Filme ab 16?

Kinder sind neugierig, sie interessieren sich für alle möglichen Neuheiten. Besonders für die aufregenden und wunderschönen, die Jung und Alt glücklich machen. Dann denken Kinder: »Das will ich!« Und genau das will die Werbung auch. Die Werbespots im Fernsehen sagen nämlich nie: »Achtung, Achtung, dieses Spielzeug ist extrem teuer, umweltschädlich und wird binnen kürzester Zeit langweilig!« Sie zeigen es, umringt von lachenden Kindern und zufriedenen Eltern. Und da ganz kleine Kinder glauben, das Geld werde bündelweise in den Apparaten hergestellt, aus denen es die Erwachsenen herausholen, nachdem sie ihre Plastikkarte hineingesteckt haben, spricht für sie nichts gegen die Erfüllung teurer Wünsche.

Woher sollen Kleinkinder auch wissen, dass Werbung keine sachliche Information, sondern eine Art Angeber ist? Dass sie vielleicht nicht direkt lügt, aber ein Ding immer toller macht, als es ist. Mit den Jahren lernen die Kinder das. Sie lernen zwischen Werbe-Dichtung und Spiele-Wahrheit zu unterscheiden. Sie lernen, dass das, was im Fernsehen oder auch im Kino zu sehen ist, nicht die reine Wirklichkeit ist.

Dazu brauchen sie Zeit, und die sollen sie auch bekommen. Deshalb bringt etwa der Kinderkanal im Fernsehen keine Werbung. Er kann darauf verzichten, weil er sich nicht durch Werbeblocks, sondern durch Fernsehgebühren finanziert. Und er muss darauf verzichten, denn der Staat lässt ihm diese Einnahmen nur zukommen, weil der Fernsehkanal einen Vertrag mit ihm geschlossen hat, in dem er sich zu viel weitergehendem Jugendschutz verpflichtet hat als die privaten Sender.

Umfassender Jugendschutz bedeutet nicht nur einen Verzicht auf Werbung, er bedeutet auch den Verzicht auf gewalttätige oder allzu aufregende Filme, die für Kinder nicht geeignet sind. Die Erwachsenen können also beschließen: Dieser Film sollte erst ab zwölf Jahren angesehen, jenes Spiel nicht unter 16 Jahren gespielt werden, oder diese

Fernsehsendung darf nicht zu einer Zeit gezeigt werden, in der viele Kinder vor den Bildschirmen sitzen. Woher nur wissen die Erwachsenen immer so genau, was Kindern gut tut und was nicht?

Allen Kindern, die schweigen können, sei ein Geheimnis verraten! Aber den Erwachsenen gegenüber sollte sich bitte niemand anmerken lassen, dass er oder sie es kennt. Also, so genau wissen die Erwachsenen das nämlich gar nicht! Sie wissen aber, dass Kinder sehr verschieden sind. Und dass sogar ein und dasselbe Kind auf denselben Film je nach Umgebung unterschiedlich reagiert. Es kann auch vorkommen, dass einem Siebenjährigen Angst und Bange wird beim Anblick des großen Vogels Bibo in der »Sesamstraße«, er hingegen realistische Kampfszenen in einem Hollywood-Film ohne Probleme und Albträume wegsteckt. Die große Plüschfigur kann als furchtbares Monster erscheinen und das Kind ihretwegen weinend aus den Träumen hochschrecken. Während es möglicherweise Kampfbilder, die Erwachsene als höchst grausam wahrnehmen, locker wegsteckt, weil sie nichts mit seiner Wirklichkeit zu tun haben. Also, was soll man tun?

Ganz einfach: Setzen wir also das »Sesamstraßen«-Alter auf zwölf Jahre hoch und geben den Kampffilm ab sechs Jahren frei! Das wäre natürlich absoluter Quatsch! So schnell lassen die Erwachsenen sich nicht aus der Ruhe bringen. Sie haben Punkte zusammengetragen, die für ein »ab 6«, »ab 12« oder »ab 16« sprechen. Beim Einzelnen kann es jeweils ganz anders aussehen, aber solche Einstufungen können nur allgemeinen Einschätzungen entsprechen.

Wenn ein Film »ab 6« eingestuft wird, dann bedeutet das, dass er nicht zu aufregend oder zu spannend, schon gar nicht gewalttätig sein darf. Wenn

---

HARRY POTTER AB SECHS?

Die Harry-Potter-Filme sind ab sechs Jahren freigegeben. Aber um sie entspann sich eine heftige Diskussion. Sind sie für so kleine Kinder schon geeignet? Diejenigen, die die Filme einstufen, fanden, vor allem Teil zwei enthalte zu lange Actionszenen. Für kleinere Kinder seien sie zu aufregend, also solle man den Film erst ab zwölf freigeben. Damit wäre ein Großteil des Publikums, auf das der Film zielte, von ihm ausgeschlossen worden. Die Produktionsfirma schnitt also noch einmal an dem Film herum, und mit dem Hinweis, dass sein märchenhafter Charakter und sein gutes Ende ohnehin klar seien, ging er gerade noch ab sechs durch.

> **AB ZWÖLF ODER MIT ELTERN**
>
> In Deutschland dürfen auch Unter-Zwölfjährige seit dem April 2003 einen Film »ab 12« ansehen. Bedingung ist jedoch, dass sie von einer personensorgeberechtigten oder erziehungsbeauftragten Person, also etwa von der Mutter oder dem Vater, ins Kino begleitet werden. Früher galt die Meinung der Eltern bei der Reifeprüfung an der Kinokasse nichts, das Alter und nichts als das Alter des Kindes entschied darüber, ob es in den Film durfte oder nicht. Jetzt können Eltern die Verantwortung dafür übernehmen.

der Held der Geschichte unausgesetzt bedroht wird, ist das für kleine Kinder schwer zu verkraften. Sollte die Geschichte am Ende auch noch schlecht ausgehen für ihn, ist das für Kinder schier nicht auszuhalten. Erwachsene sagen sich dann vielleicht, der Regisseur oder der Drehbuchautor wollten kein Happyend. Und sie finden Gründe dafür. Solche wie: der Held war innerlich zerbrochen, ein gutes Ende wäre unglaubhaft gewesen. Kinder betrachten die Geschichte dagegen so, als hätten sie sie selbst erlebt oder als sei sie beim Blick aus dem Fenster, direkt vor ihren Augen auf der Straße passiert. Erst mit rund neun Jahren, dies sagen Kinderpsychologen, beginnen Kinder langsam zwischen Wirklichkeit und Film zu unterscheiden.

Mit zwölf Jahren, so heißt es, halten Kinder auch schon spannende Thriller oder Science-Fiction-Filme aus. Die Freigabe-Kommission lässt Filme dieser Art erst »ab 16« zu, wenn sie harte und sehr gewalttätige Szenen enthalten.

Die Erwachsenen sind sich also einigermaßen einig über das, was Kindern zuzumuten ist und was nicht. Einigermaßen. Die Einstufungen gehen manchmal in den verschiedenen Ländern etwas auseinander. In den USA reagieren die Erwachsenen empfindlicher auf Beschimpfungen, sexuelle Szenen und Anspielungen als in Europa. Wie Nackte oder Bettszenen auf der Leinwand und im Fernsehen beurteilt werden, zeigt, dass die Erwachsenen kein überall und ewig gültiges Bild davon haben, was für Kinder geeignet ist. Vor vierzig oder fünfzig Jahren war eine nackte Frau schon Grund für den Vermerk »ab 16«. Mittlerweile ist Nacktheit im Film nichts Besonderes mehr, und selbst »ab 6« darf es auch schon ein bisschen erotisch zugehen auf der Leinwand.

Auch Schutzbestimmungen können altern und sich den verschiedenen Wirklichkeiten und Verhältnissen anpassen. Die Paragraphen, die zum Schutz für Kinder gemacht wurden, sind ja ohnehin alle zum Herauswachsen gedacht und eben nur von begrenzter Gültigkeit.

Zwar handeln auch Erwachsene nicht immer und überall überlegt, aber ab 18 wird man für sein Tun selber verantwortlich gemacht. Bis dahin sollte also jeder kapiert haben, dass man beim Autofahren geistesgegenwärtig und vorsichtig sein muss, weil man sonst sich und andere gefährdet; dass Rauchen und Alkohol der Gesundheit nicht gut tun; dass Filme nicht nach dem Geisterbahn-Prinzip beurteilt werden, also voll Stolz darüber, was man gerade noch aushält und sich an Bildern zumuten kann.

Ein Trost bleibt den Kindern, die sich trotz ihrer zusätzlichen Rechte und aller guten Gründe für Einschränkungen und Verbote immer noch ungerecht behandelt fühlen: Auch die Erwachsenen dürfen nicht alles. Auch sie haben kein Recht auf die Erfüllung sämtlicher Wünsche, noch nicht einmal auf die vernünftigsten. Es gibt kein Gesetz, das einen Arbeitsplatz garantiert, eine gut gebaute und preiswerte Wohnung oder die beste medizinische Behandlung.

Wahrscheinlich erweisen sich Erwachsensein und Reife sogar am ehesten daran, dass man gelernt hat, seine Kräfte und Fähigkeiten einzuschätzen, bereit ist, an sich zu arbeiten, die anderen Menschen zu respektieren und nicht jeden Wunsch sofort erfüllt zu bekommen. Ein untrügliches Merkmal fürs Erwachsensein ist auch, dass man Kinder achtet und schützt.

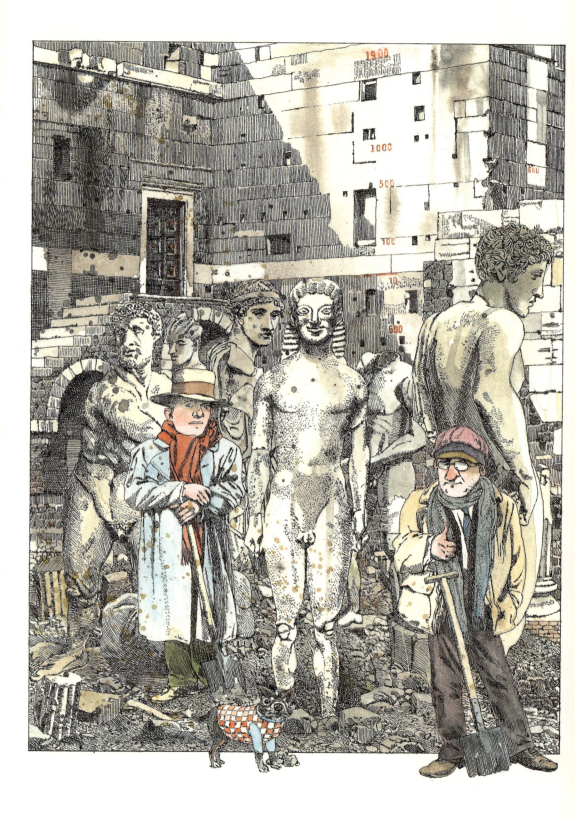

Warum sind die griechischen Statuen nackt?

Im alten Griechenland müssen die Menschen wie an einem Nacktbadestrand herumgelaufen sein. Jedenfalls tun die Statuen im Museum so. Hatte man denn vor 2500 Jahren noch keine Kleider? Doch, man hatte. Man trug sogar ausgesprochen viel Stoff mit sich herum. Dennoch wollen uns die Statuen dieser Zeit weismachen, damals seien alle andauernd oben und unten »ohne« gewesen, denn die Statuen selber sind fast immer nackt. Sie wollen uns sogar vormachen, dass die Bevölkerung vor allem aus Göttinnen, Göttern, Helden und Sportlern bestand.

Sagen diese Figuren denn überhaupt die Wahrheit? Geben sie einen richtigen Eindruck davon, wie es in der Wirklichkeit aussah? Vielleicht sind sie selber ja nur Wunschbilder oder Traumbilder einer Zeit, die wir griechische Antike nennen und die 600 Jahre umfasst. Eine Zeitspanne, die so lang ist wie die von den Rittern bis zu uns heute. Was können nackte Figuren über das Leben in jener Zeit schon groß sagen? Viel mehr, als man zunächst denkt, denn zum Glück haben sie Übersetzer: die Archäologen.

140 WARUM SIND DIE GRIECHISCHEN STATUEN NACKT?

Die Archäologen, die Altertumskundler, beschäftigen sich mit so weit zurückliegenden Zeiten, dass ihr bester Informant der Boden ist. Ihn suchen sie nach Resten und Spuren früherer Gesellschaften ab. Auf diese Weise haben sie viel herausgefunden. Und so wissen wir heute einiges über das antike Griechenland. Zum Beispiel, dass es vor 2500 Jahren schon Gymnasien gab. Nicht alles aus damaliger Zeit hat sich jedoch bis heute erhalten. So konnte sich etwa die Sitte, nackt am gymnasialen Sportunterricht teilzunehmen, nicht durchsetzen. Die Archäologieprofessorin Bettina Baronesse v. Freytag gen. Löringhoff entdeckte schon viele Schätze in türkischem oder griechischem Boden. In ihrer Kinder-Uni-Vorlesung ließ sie ein Stück griechischer Antike lebendig werden und beantwortete uns darüber hinaus noch viele Fragen.

Jede Gegenwart wird einmal Vergangenheit. Nehmen wir mal an, in 2000 Jahren wären den Forschern nur Computerspiele aus unserer Zeit überliefert. Was läge dann näher als zu denken, die Menschen heute hätten so ausgesehen wie Lara Croft oder Tony Hawks. Mit den griechischen Statuen geht es uns ähnlich. Auch sie verleihen ihrer damaligen Zeit Gestalt und Gesicht. Das geht so weit, dass man sich die Griechen von damals allesamt schlank und muskulös, mit sehr ebenmäßigen

Zügen, starrem Blick, geraden Nasen und kunstvoll gezwirbelten Locken vorstellt.

Doch so wie es heute Männer und Frauen gibt, die nicht wie Lara Croft und Tony Hawks, sondern wie die nette Englischlehrerin oder der muffige Filialleiter aussehen, so gab es auch damals Leute, die weder der Göttin Aphrodite noch dem Gott Apollon glichen. Noch schwieriger wird die Vorstellung vergangener Zeiten, wenn die wenigen Fundstücke bruchstückhaft, Computerspiele zum Beispiel nur noch schwarz-weiß erhalten sind und die antiken Figuren auch nicht mehr ihrem früheren Aussehen entsprechen. Sie waren nämlich nicht immer so farb- und blicklos, wie sie heute scheinen.

Es könnte heute im Museum ganz anders aussehen, wenn sich die antiken Statuen besser erhalten hätten: Viele Figuren waren einmal bunt angemalt, hatten eingesetzte Augen, manche Statuen waren sogar angezogen. Man stelle sich vor: angezogen mit karierten Wollhosen, also noch peinlicher als nackt. Für skythische Bogenschützen, die im heutigen Ostiran lebten, war das eine normale Bekleidung. Und indem sie die Skythen bekleidet darstellten, machten die Griechen gleich deutlich, dass es sich um Fremde handelte. Denn die Griechen trugen nicht solche Hosen. Kleidung betonte die Fremdheit.

Jeder kennt zwar die Eigenart von besonders hässlichen Dingen, sich lange zu halten, eine karierte Träger-Wollhose kann einen eine ganze Kindheit lang kratzen und ärgern. Aber von den Griechen bis zu unserer Gegenwart reicht auch die Lebensdauer der scheußlichsten Wollhose nicht. Da drängt sich die Frage auf: Wie bekommen die Forscher eigentlich heraus, dass manche Statuen früher einmal be-

> **WAS SIND STATUEN?**
>
> **Statue leitet sich aus dem Lateinischen ab und bedeutet Standbild, die Statuette ist das kleine Standbild. Heißt das, dass man ein Bild aufstellte statt hängte, und schon war es ein Standbild? Ein Bild muss nicht auf einer platten Leinwand oder einem platten Blatt Papier gemalt sein. Ein Bild kann ja auch vom Bildhauer gehauen sein, und dann ist es dreidimensional. Wenn man also um ein Bild herumlaufen kann, es ein Vorne und ein Hinten, ein Links und ein Rechts und auch ein Dazwischen hat, also jeweils anders aussieht, handelt es sich mit großer Wahrscheinlichkeit um ein Standbild oder eine Statue.**

142 WARUM SIND DIE GRIECHISCHEN STATUEN NACKT?

kleidet oder angemalt waren, wenn sie heute nackt dastehen? Auf die Spuren von untergegangenen Hosen oder im Krieg zerstörten Dingen helfen manchmal andere, besser erhaltene Skulpturen oder mit Bildergeschichten und Alltagsszenen bemalte Vasen und auch Texte, die sich erfolgreicher über die letzten 2500 Jahre gerettet haben.

Können Gräber sprechen?

Aus der griechischen Antike sind weder Spielfilme noch Dokumentarfilme erhalten, weil es sie nämlich noch gar nicht gab. Es fällt schwer, sich das Leben von damals vorzustellen. Die Zeugen dieser Zeit sind stumm. Nur mit viel Geduld, Kombinationsgabe, Genauigkeit und Phantasie kann man sie zum Sprechen bringen. Einige Tempel aus dieser Zeit sind erhalten, man fand Schriften antiker Dichter und Denker, es gibt Gefäße und Geräte und jede Menge Statuetten und Statuen, und es schlummert immer noch vieles unerkannt unter der Erde.

Wieso eigentlich unter der Erde? Weil frühere Menschen ihr Hab und Gut dort vergraben haben, um es vor der Nachwelt zu verstecken? Oder umgekehrt sogar, um es für sie aufzuheben? Keineswegs. Wenn ein Haus zerstört wurde oder einstürzte, baute man direkt auf den Trümmern wieder ein neues. Schließlich konnte man die noch brauchbaren Teile gleich an Ort und Stelle weiter verwenden. Steine wurden neu verbaut, zum Beispiel wieder in Mauern eingefügt. Kaputte Keramik wurde ebenfalls manchmal weiter verwendet. Man kritzelte oder schrieb sogar schon mal auf Tonscherben – auch wenn man zum Schreiben meist Wachstäfelchen

DIE HALTBARKEIT VON KINDERZIMMERN

Was bliebe wohl von einem heutigen Kinderzimmer übrig, das man komplett mit Erdmasse überschüttete und erst nach 2000 Jahren wieder ausgrübe? Das Bett mitsamt Bettzeug wäre zerfallen, von den Büchern und vom Schreibtisch mit den Schulheften ebenfalls keine Spur mehr. Auch die Puppen, die Autos, das Computer-Gehäuse, selbst die umweltschädlichen Batterien in den Taschenlampen hätten sich bis dahin aufgelöst. Allenfalls an den Schadstoffresten könnte man noch ihre frühere Existenz erkennen. Natürlich kommt es dabei immer auf die äußeren Bedingungen an: Die Feuchtigkeit, die Säure oder Salzhaltigkeit des Bodens und das Klima bestimmen mit, wie lange das, was in der Erde eingelagert ist, erhalten bleibt.

nahm, denn das damalige Papier, Papyrus, war sehr rar und wertvoll.

Man überließ die Reste von Gebäuden auch einfach der Verwitterung, und so lagerte sich Schicht um Schicht darauf ab. Deshalb existiert unter der Erde eine andere Zeitmessung als über ihr. Jahrhunderte oder Jahrtausende drücken sich hier in Metern aus: Je tiefer, je älter.

Ausgräber fangen nicht irgendwo an zu graben, sie suchen meist an Orten, an denen es Hinweise auf antike Siedlungen und Städte gibt, und sie suchen auch gerne dort, wo man die Toten beerdigte. Im alten Griechenland lagen die Gräber außerhalb der Stadtmauern an den großen Landstraßen aufgereiht. Die Verstorbenen sollten mit den Reisenden ins Gespräch kommen. Die Gräber waren damals viel luxuriöser als heute, und sie sind, so merkwürdig es klingt, sprechende Orte. Sie erzählen viel über das Leben in dieser Zeit. Denn je reicher und mächtiger die Verstorbenen waren, desto mehr Dinge gab man ihnen auch für ihr Leben auf der anderen Seite des Flusses Acheron mit, wo man das Reich der Toten vermutete, den Hades. Zum Glück für die Archäologen brauchten die Verstorbenen diese Dinge nicht. Pech für die Archäologen, dass Grabräuber oft schneller als die Wissenschaftler am Ort waren.

> **VASEN OHNE BLUMEN**
>
> In der Antike muss es ausgesehen haben wie in einem Blumengeschäft. Oder warum hatte man sonst so viele Vasen und Tongefäße? Heute nennen wir diese Gefäße zwar Vasen, aber in der Antike waren sie keineswegs für Blumensträuße gedacht. Bei Gelagen gossen sich die Männer den Wein etwa aus schön bemalten Kannen oder Vasen in die Schalen und Becher. Die größten unter den bauchigen Gefäßen, die Amphoren, deren zwei Henkel wie in die Hüfte gestemmte Arme aussehen, dienten als Vorrats- und Transportgefäße.

Wie kam der junge Mann in den Kanal?

Der Zufall ist der ständige Begleiter der Archäologen. Er kann jede schöne Planung durcheinander bringen. Aber dafür werden die Wissenschaftler mitunter auch sehr entschädigt. Nehmen wir ein Beispiel aus dem Leben der Archäologin Bettina Baronesse v. Freytag gen. Löringhoff. Da will sie zusammen mit einem Bauforscher und einigen Ausgräbern die Arbeiten an einem Ort der Athener Stadtmauer, an dem schon ein Jahrhundert lang gegraben wurde, zügig zu Ende bringen, doch nun passiert etwas Unglaubliches: etwas, das für Forscher vergleichbar ist mit sechs Richtigen im Lotto. Ein Jahrhundertfund.

Die Archäologie-Professorin bekommt glänzende Augen, wenn sie an den Karfreitag des Jahres 2002 zurückdenkt. Das Team unter ihrer Leitung stand also kurz vor dem Abschluss der Grabung. Die Archäologen interessierten sich eigentlich für die antike Stadtanlage und hatten schon viele Meter Kanalmauern freigelegt. Doch plötzlich zeichnen sich auf dem Grund eines Kanales kleine Wellen ab. Keine Wellen aus Wasser, sondern aus Stein, nämlich die exakt frisierten Haarwellen eines Hinterkopfes. Der Hinterkopf gehört zu der Figur eines jungen Mannes oder wie es auf Griechisch heißt: eines Kouros. Diese Marmorstatue ist, wie man später sah, aus der frühen Antike, der archaischen Periode, so um die 2600 Jahre alt und sehr gut erhalten – bis auf ihre Beine, die waren unterm Knie abgeschlagen worden. Der Jüngling lag nicht immer dort, wo die Ausgräber ihn fanden. Und sie hätten ihn wohl auch nicht gefunden, wenn sich nicht durch den U-Bahn-Bau in Athen das Grundwasser gesenkt hätte. Deshalb konnten die Forscher in noch tieferen Tiefen graben.

Vermutlich stand der Jüngling einmal auf einer Grabanlage. Die Gräber waren für die Kunst sehr wichtig, so wichtig wie heute die Museen. Heute kann man sich kaum vorstellen, dass viele Statuen einmal mit vollständigen Nasen, allen Armen und Beinen auf Gräbern und nicht in den großen Hallen der Museen standen. So stand also auch dieser Jüngling vermutlich mehr als hundert Jahre im Vollbesitz seiner Körperteile auf einem Grab.

Woher man das weiß? Diesen Jünglingstyp hat man schon auf anderen Gräbern gefunden, sein Körperbau gibt ziemlich genaue Auskunft über seine Entstehungszeit (etwa um 600 v. Chr.), und die Geschichte der Stadt Athen lässt auf sein Ableben als Grabstatue schließen. Denn um 480 v. Chr. zerstörten die Perser die Stadt. Dabei verwüsteten sie auch die Gräber. Warum die Gräber? Tote stellen schließlich keine Gefahr mehr dar. Doch so, wie man die eigenen Toten ehrte, so entehrte man die der

> **MIT DER U-BAHN IN DIE VERGANGENHEIT**
>
> U-Bahn-Bauten in antiken Hochburgen wie Rom oder Athen sind für jeden Ingenieur oder Planer, der es eilig hat, ein Albtraum. Denn die Böden stecken voller antiker Spuren. Baggerzähne können sich hier nur langsam ins Erdreich hineinfressen. Dauernd werden ihnen Ruhezeiten verordnet, in denen die Archäologen dann mit ihren Geräten, mit Spachteln und Pinseln, an die Arbeit gehen.

> **UNTERWASSER-ARCHÄOLOGIE**
>
> Auch unter Wasser verbergen sich Zeugnisse der Antike. Dort lagern sie, weil Handelsschiffe sie verloren haben oder die Schiffe gleich mit Mann und Maus untergegangen sind. Man sucht nach ihnen also an den befahrenen Handelswegen. Unterwasser-Ausgrabungen sind teuer und aufwändig, aber lohnenswert. Was man hier findet, ist durch Schlamm und andere Ablagerungen gut geschützt und entsprechend gut erhalten.

Feinde. Man zerstörte die Gräber und verhöhnte damit die Lebenden. Und so scheint die Statue des jungen Mannes Opfer des Raubüberfalls geworden und im Kanal gelandet sein.

Der Kouros ist sehr groß, überlebensgroß, und er ist nackt. Solche Nacktheit erscheint uns heute bei einer Grabskulptur merkwürdig. Sollte man sich auf Friedhöfen nicht lieber bekleidet aufhalten? Wenn der Junge auf einem Grab gestanden hat, dann müsste er doch wohl das Abbild eines Verstorbenen sein! Dann aber erscheint es doch ziemlich geschmacklos, ihn in aller Nacktheit den Blicken der Nachwelt preiszugeben.

Auf die Idee, einen wirklichen Menschen zu porträtieren, kamen die Künstler der archaischen Periode jedoch noch nicht. Erst sehr viel später machte man das. In der Archaik hatte man anderes im Sinn. Wenn die Statue eines jungen Mannes auf einem Grab steht, bedeutet das nicht, dass der Verstorbene genauso ausgesehen hat wie das steinerne Standbild. Die Verbindung zwischen Statue und Totem liegt höchstwahrscheinlich in nur einer einzigen Eigenschaft: in der Jugendlichkeit. Eine jugendliche Statue deutet darauf hin, dass der Tote früh verstorben ist. Die Trauer um ihn war deshalb besonders groß. Die Statue zeigt demnach eine Wunschvorstellung, ein Idealbild, sie stellt dar, wie ein Mann aussehen und wie er sein sollte: schlank, muskulös und beweglich. Fast könnte er noch als Schönheitsideal in den Fitness-Studios 2500 Jahre später durchgehen.

Ganz offensichtlich gab es Idealmänner mit Idealmaßen und Idealhaltungen, denn die Archäologen fanden viele ähnlich gebaute Figuren. Der Körperbau verrät ziemlich genau, wie alt sie sind, denn jede Epoche stellt ihre Idealtypen etwas anders dar. Der Idealmann vor 2600 Jahren sah so aus: Er hat einen nahezu dreieckigen Oberkörper, die Schultern sind ungefähr doppelt so breit wie die Hüften. Schon damals zeichnet sich auch eine Vorliebe für Waschbrettbäuche ab. Die Geschlechtsmerkmale fallen kaum auf, denn die zählte man nicht zu den schönsten Körperteilen. Dafür ist die Lendengegend betont und mit ihr die Beine, die sehr wichtig sind, weil sie die Beweglichkeit belegen. Die Beine sind lang, mit runden Waden und kräftigen Oberschenkeln. Der Po ist rund, ohne dass die Muskeln allzu stark hervortreten.

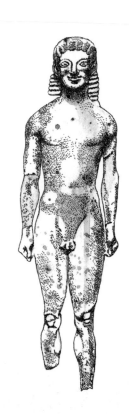

Bei so viel zur Schau gestelltem Körper vergisst man fast das Gesicht. Es zeigt auch keine besonderen Kennzeichen. Man würde eher jemanden nach einem Phantombild der Polizei wieder erkennen als nach dem Gesicht dieser Statuen. Am auffälligsten ist das allen gemeinsame Lächeln und das Haar. Lange Locken, die sich wie Perlen aneinander reihen, sind wie ein Tuch über die Stirn gespannt, und am Hinterkopf fallen sie wie eine Gardine herab. Auch wer wenig von altägyptischer Kunst versteht, wird sich an die berühmte Sphinx erinnert fühlen. Obwohl sehr schlank, wirken diese Jünglinge nicht dünn oder knochig, sondern kräftig und rund. Ihre Haltung ist immer ungefähr gleich: Die Fäuste sind geballt, der linke Fuß ist dem rechten leicht vorangestellt, aber beide Füße stehen fest auf dem Boden.

Der Jüngling, der am Karfreitag 2002 aus dem Untergrund von Athen geborgen wurde, trägt alle oben genannten Kennzeichen. Archäologen können sein Alter daran gut bestimmen, sie haben auch schon Vettern von ihm im Athener Nationalmuseum oder in New York gesehen. Diese Vettern gleichen sich dennoch nicht wie ein Ei dem anderen. Denn trotz aller Ähnlichkeit bemühten sich die Künstler, jeder Skulptur ein etwas anderes Aussehen und eine eigene Handschrift zu geben.

Doch immer schimmert der gleiche Bauplan durch: das Männlichkeitsideal der damaligen Zeit. Vor allem war es wichtig, sportlich und fit zu sein. Dabei dachte man nicht an die Gefahren eines Herzinfarktes. Im Gegenteil, es wurde für die größte gesundheitliche Gefahrensituation trainiert. Sport machte fit für den Krieg, denn damals lebte man viel häufiger im Kriegszustand als heute. Die Dichter priesen deshalb die Heldentaten ihres Volkes, die Bildhauer formten die schönsten Kriegerkörper. Doch die Kunst erhebt sich in der Regel rasch über die Niederungen des Alltags. Irgendwann erinnert man sich kaum noch ihrer Anlässe oder der Gründe solcher Heldendarstellungen.

Der Körper musste also muskulös und beweglich sein. Wie allerdings zeigt man Beweglichkeit an einer Stein- oder Bronzeskulptur? Die Bildhauer betonten in der archaischen Epoche die Partien des Körpers, die für Beweglichkeit stehen: die Gelenke. Tiefe Einkerbungen an den Gelenken verraten, bei diesem Mann läuft der Bewegungsapparat wie geschmiert. Die Schrittstellung der Füße deutet zwar auf eine gewisse Leichtfüßigkeit hin, hat aber wohl vor allem mit dem stabilen Stand der Figur zu tun.

Hundert Jahre später, in der klassischen Epoche, hatten die nackten Männer dann schon einiges mehr an Muskelaufbautraining geleistet. Als ob Arnold Schwarzenegger Modell gestanden hätte. Jeden Muskel, jede Sehne kann man bei ihnen nun von außen sehen. Sie scheinen mitten in der Anstrengung

WARUM SIND DIE GRIECHISCHEN STATUEN NACKT? 149

oder Bewegung erstarrt. Der Diskuswerfer holt gerade zum Wurf aus, der Bogenschütze spannt die Sehne zum Schuss, und beide haben wie alle nackten Männer dieser Zeit ihr Gewicht auf ein Bein verlagert. Man nennt es das Standbein; das andere, das Spielbein, unterstützt die Bewegung. Verglichen damit wirkt der Kouros mit seinen hängenden Armen fast ein wenig ungelenk, dafür strahlt er umso mehr Ruhe und Konzentration aus. Oder andersherum, die späteren Nackten sehen aus wie mit einer glänzenden Schicht überzogene Darstellungen aus einem Anatomie-Buch. Der Künstler hat gerade die Seite Muskeln und Sehnen aufgeschlagen.

DIE GRIECHISCHEN EPOCHEN

Wissenschaftler haben die griechische Antike in verschiedene Zeitalter eingeteilt. Die Einteilung richtet sich nach den verschiedenen Kunststilen. Als Erstes spricht man von der geometrischen Periode (von 900 bis 680 v. Chr.), weil man in dieser Zeit die Menschen wie Gliederpuppen aus geometrischen Formen zusammenzubauen schien. Danach folgt die archaische, die Epoche des Beginns (bis etwa 475 v. Chr.), in ihr sehen die Figuren organischer aus, die Einzelglieder sind weniger betont. In der klassischen Periode (bis etwa 330 v. Chr.) entwickelt die Kunst dann das, was man mit antikem Stil verbindet: Statuen mit ausgeprägten Muskeln, mitten in der Bewegung erstarrt. Bis knapp vor Christi Geburt spricht man von der hellenistischen Epoche, in der vieles aus den anderen Epochen wieder aufgegriffen und auch übertrieben wird.

Warum waren die Gymnasiasten nackt?

Außer der Kunst und Literatur begeistert viele an der griechischen Antike ein völlig neues politisches Denken und System. Die Politik wurde sozusagen in Griechenland erfunden. Das Wort leitet sich ab von der griechischen Polis, der Stadt. Die Städte Attikas, des südöstlichen Teils Griechenlands, waren sehr politisch. Sie waren freie Stadtstaaten. Die Aristokratie, der Adel, hatte zwar auch hier einmal das Sagen gehabt, aber ab 500 v. Chr., der Hochphase der Muskelmänner, regierte das Volk selber. Das war die Wiege der Demokratie, der, wie es übersetzt heißt: Volksregierung. Volk klingt allerdings irreführend. Es durften keineswegs alle wählen. Wahl- und Bürgerrechte hatten nur Männer – also Einheimische, die zugleich freie Bürger und Söhne freier Bürger waren. Sie bekamen diesen Status im Alter von zwanzig Jahren zuerkannt. Ausländer bekamen diese Rechte nicht, auch wenn sie noch so lange in Athen oder einer anderen attischen Stadt lebten und arbeiteten. Und erst recht nicht die Sklaven, die Unfreien, die sich in den Häusern, auf dem Land, auch in den Silberminen oder Steinbrüchen abrackerten. Die Athener Bevölkerung setzte sich um 400 v. Chr. aus einem Viertel, so um die 20 000, freien Bürgern zusammen, 10 000 Ausländern und 50 000 Sklaven.

Wie gesagt, nur Männer hatten Bürgerrechte. Frauen waren zwar auch Bürgerinnen, aber mit sehr eingeschränkten Rechten. Ein Recht auf Bildung hatten nur die Jungen. Die Mädchen blieben bei ihren Müttern und lernten von ihnen alles, was für sie als wissenswert empfunden wurde. Gebildete Mütter gaben also auch ihre Bildung an die Töchter weiter. Die Jungen dagegen verließen mit sieben

Jahren den Frauentrakt des elterlichen Hauses. Entweder gingen sie dann zu einem Privatlehrer, zu dem sie von einem Sklaven, einem Pädagogen (Kindesführer), begleitet wurden, oder sie besuchten das Gymnasium.

Gymnasium, oder griechisch: Gymnasion, das klingt doch wirklich bekannt! Auch die Griechen mussten da also schon hin. Aber sie würden sich die Augen reiben, wenn sie in einer der heutigen höheren Schulen vorbeischauten. Denn bei ihnen ging es hauptsächlich um den Sport. Man lernte außerdem Musizieren, Schreiben, Rechnen oder Texte auswendig, aber das Wichtigste waren die verschiedenen Wettkampfdisziplinen. Und beim Wettkampf oder Sport trug man keine Trikots, sondern war komplett nackt. Schreckliche Vorstellung, oder? Nackt vor den Lehrern anzutreten, nackt vor den Mitschülern dazustehen, nackt um die Wette zu rennen.

Auch im alten Griechenland ging man nicht nackt durch die Stadt. Das Schamgefühl war, was Nacktheit in der Öffentlichkeit angeht, mindestens so ausgeprägt wie heute. Von einem großen Nacktbadestrand konnte also keine Rede sein. Dennoch war der unbekleidete Körper beim Sport normal.

Schon seit 776 v. Chr. gab es in Griechenland jenen sportlichen Wettkampf, den heute noch alle Welt als Olympische Spiele kennt. Damals traten nicht Sportler aus allen Ländern, sondern aus den verschiedenen Teilen Griechenlands gegeneinander an. Auch die Disziplinen waren andere, auf Synchronschwimmen war damals noch niemand gekommen. Stattdessen gab es Laufen, Weitsprung, Speer- oder Diskuswurf, Fünfkampf, Pferderennen und eine etwas seltsam erscheinende Disziplin, den

DER BEKLEIDETE GYMNASIAST

Normalerweise trugen die Kinder ganz ähnliche Gewänder wie die Erwachsenen (siehe auch Peplos und Chiton). Sie wurden nicht gekauft, waren jedoch trotzdem kostbar. In jedem Haushalt gab es einen Webstuhl, an dem die Frauen saßen und Wollstoffe webten. Es hatte also auch einen praktischen Grund, wenn die Gymnasiasten sich beim Sport auszogen. Sie schonten ihre Kleider.

DIE ZEUGNISSE

Eine Eins in Mathe, eine Eins in Geschichte und in allen anderen Fächern ähnlich tolle Noten – so kennt man Zeugnisse. Nun, es gibt auch andere Zeugnisse. Zweifellos welche mit schlechteren Noten. Doch Zeugnisse können auch einfach über frühere Zeiten berichten. Wenn noch Augenzeugen leben, können sie erzählen und damit mündliche Zeugnisse ablegen. Wenn es um Zeiten geht, die schon so lange vorbei sind, dass niemand mehr dazu befragt werden kann, muss man sich auf andere Zeugnisse stützen. Bei Texten spricht man auch von Überlieferungen. Kunstwerke, Alltagsgegenstände, Knochenreste – sie alle können Zeugnisse (ohne Noten) sein.

> **DIE OLYMPISCHEN SPIELE**
>
> Olympia war ein heiliger Ort im Westen des Peloponnes, also in dem Teil Griechenlands, der wie eine Hand mit vier Fingern aussieht. Alle vier Jahre wurden hier zu Ehren des Gottes Zeus sportliche Wettkämpfe ausgetragen, an denen Sportler aus allen Teilen des Landes teilnahmen. Es ging hier keineswegs um Rekorde, sondern ganz allein ums Gewinnen. Die Sieger wurden wie Helden verehrt. 776 v. Chr. gab es die ersten Spiele, 393 n. Chr. die letzten, weil Kaiser Theodosius sie abschaffte. 1896 lebten sie dann in ihrer heutigen Form wieder auf.

Waffenlauf. Einen Ableger davon gibt es heute noch in der Schweiz. Bei dieser Sportart rannte man in schweren Rüstungen um die Wette.

Und auch bei den Olympischen Spielen finden wir die Nacktheit wieder. Die Athleten traten nämlich allesamt nackt auf. Die Ersten, die sich in dieser kargen Form der Sportkleidung zeigten, waren die Spartaner.

Die Spartaner lebten in Sparta, einer Stadt im Westen des Landes. Sie hinterließen schon durch das Wort »spartanisch«, das heute noch in Umlauf ist, einen bleibenden Eindruck. Wer spartanisch lebt, lebt einfach und diszipliniert. Wer so lebt, ist in einer Zeit, in der die Waffentechnologie eher in den Anfängen steckt, in der es auf Fitness und Kraft des Einzelnen ankommt, kampfkräftiger als sein Nachbar, der sich die Brathühner und die Trauben in den Mund wachsen und es sich gut gehen lässt. Die Spartaner waren bei den Olympischen Spielen enorm erfolgreich, und sie waren das nicht irgendeiner olympischen Idee wegen, die ohnehin erst später geboren wurde, sondern sie trainierten in erster Linie für die eigene Wehrtüchtigkeit. Aus Sparta trat auch die erste organisierte Olympia-Delegation an, während die anderen Sportler eher für sich und weniger für ihre Städte kämpften. Sparta konnte also organisierter und besser Einfluss auf Olympia nehmen als andere. Die Spartaner schafften es, die Disziplinen einzuführen, in denen ihre Leute stark waren, und sie setzten sich auch mit ihrer Vorstellung des nackten Sportlers durch.

Die Spartaner waren die Ersten, die ihre nackten Körper für den Sport mit Öl einrieben. Noch heute machen es ihnen die Kraftprotze beim Posen nach, also wenn sie ihre Muskelpakete spielen lassen. Die

Spartaner sind damit vielleicht auch für eine Dreierkombination in den Turnbeuteln der Gymnasiasten und aller anderen Athleten verantwortlich. Da hinein steckten sie ein Ölfläschchen, einen Schwamm und einen Schaber. Vor dem Kampf ölte man sich ein, damit der Körper schön glänzte und gleichzeitig vor der brennenden Sonne geschützt war. Außerdem machte das Öl es den Ringern schwer, den Gegner zu fassen. Nach dem Wettbewerb wurde es mit dem sichelförmigen Schaber, der Strigilis, abgekratzt und der Rest mit dem Schwämmchen entfernt.

Da haben wir also die Antwort auf die Frage, warum so viele griechische Statuen nackt sind. Sie sind nackt, weil man beim Sport nackt war, denn viele Statuen sind nur Vorgänger der heutigen Sportfotografie, sie sind in Stein gehauene oder in Bronze gegossene Bewegungsbilder, Standbilder oder Ehrenmäler eines erfolgreichen Athleten und Olympiasiegers. Allerdings mit dem Unterschied, dass man nicht während des Wettkampfes einfach auf den Auslöser drücken konnte – und schon war das Bild im Kasten. Statuen sind natürlich keine Schnappschüsse, bei ihrer Herstellung gab es genaue Pläne und feste Regeln, wann wer wie abgebildet wurde. So bekam der einfache Olympiasieger nur eine Statue mit einem x-beliebigen Gesicht, das mit seinem eigenen keine Ähnlichkeit hatte. Immerhin stand

DER NACKTE SPARTANER

Für die Spartaner hatte die Nacktheit einen kultischen oder religiösen Charakter. Aus der sportlichen Bewegung selbst kann man sie kaum ableiten, denn dass man ohne Lendenschurz schneller läuft als mit, ist schwer vorstellbar. Dennoch setzte sich, als beim olympischen Wettkampf von 720 v. Chr. ein spartanischer Läufer siegte, die Nacktheit auch bei den anderen Mannschaften durch. Trotzdem wurde über die Lächerlichkeit eines nackten Körpers in Bewegung noch jahrhundertelang gespottet.

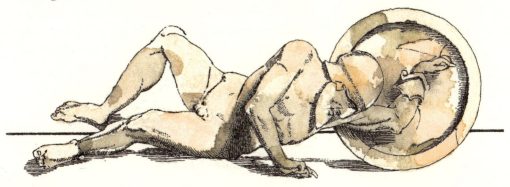

154 WARUM SIND DIE GRIECHISCHEN STATUEN NACKT?

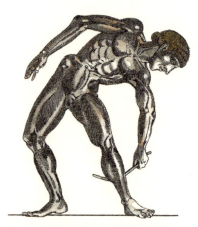

DIE STRIGILIS

Schaber für Menschen gibt es heute nicht mehr. In der Antike benutzte man dieses kleine Werkzeug zur Reinigung. Nach dem Sport schabte man die Schicht aus Staub, Schweiß und Öl einfach ab, erst anschließend ließ man Wasser und Schwamm an seinen Körper heran. Im Begriff Striegeln steckt noch etwas von der alten Strigilis, aber dabei denkt man vor allem an Bürsten und an Pferde.

sein Name auf dem Sockel. Erst ab drei Siegen brachte man es zu einer Statue mit eigenem Porträt.

Gut, zum sportlichen Wettkampf trat man also, ob es nun praktisch war oder nicht, nackt an. Dennoch ist immer noch nicht ganz klar, warum so viel Tamtam um den nackten Körper gemacht wurde. Ein muskulöser Körper war zwar im Kriegsfall zweckmäßig und auch noch im Frieden schön, aber das allein war es nicht. Der wohlgeformte Körper wurde als Ausdruck des Göttlichen angesehen. Während man Jahrtausende später, noch in der Zeit unserer Großeltern, Nacktheit mit Sexualität und sogar mit Sünde gleichsetzte, war sie bei den Griechen Ausdruck von etwas Erhabenem. Körper und Geist gehörten eng zusammen. In einem vollkommenen Körper, so glaubte man, stecke auch ein vollkommener Geist. Der ideale Körper war ein Maßanzug der Götter. Also zog man auch die Helden aus. Sie waren ja ohnehin auf halber Strecke zu den Göttern – mit einem göttlichen und einem menschlichen Elternteil.

Fand man nackte Frauen hässlich?

Die Götter der Antike sind keine reinen Lichtgestalten und schon gar nicht unfehlbar. Sie sind zwar unsterblich, aber dennoch viel menschenähnlicher als der christliche Gott. Sie sind launisch, man musste sie dauernd gnädig stimmen, aber sie sind dem Schicksal genauso ausgeliefert wie die Menschen. Über den Götterkönig Zeus zum Beispiel wusste man damals nicht nur freundliche Dinge zu berichten. So machte er sich etwa in ständig wechselnder Gestalt an Frauen ran. Auf diese Weise tat er einiges, um den Kreis der Halbgötter zu vergrößern: Er zeugte jede Menge Kinder.

Die Götter vertrugen sich untereinander auch nicht immer, sie stritten viel und brauchten die Menschen als Verbündete. Die Menschen hatten es mit den Göttern ebenfalls nicht leicht. Wenn man sich die Mitglieder des Olymps, des Götterberges, anschaut, dann kommt einem das aus heutiger Sicht so ähnlich vor, wie wenn man in einer großen Stadtverwaltung den zuständigen Sachbearbeiter sucht. Es gab nicht nur Göttinnen und Götter für die wichtigsten Ressorts, etwa für die Liebe, die Jagd, den Himmel, das Meer oder die Sonne, sondern auch viele verschiedene Unterzuständigkeiten. Wer weiß schon bei einem landwirtschaftlichen Problem auf Anhieb, ob nun Apollon (Sonne, Ernte, Musik) oder Demeter (Ackerbau und Fruchtbarkeit) Ansprechpartner ist?

Nacktheit war also im Kern eine Göttersache. Im Olymp mangelte es nun keineswegs an Frauen. Zweitwichtigster Gott im Haus war eine Frau: Hera, die Gattin von Zeus und Frauenbeauftragte des Himmels. Andere prominente Frauen sind: Athene (Kampf, Künste, Weisheit), Aphrodite (Liebe und Schönheit) oder Artemis (Jagd). Komischerweise blieben alle olympischen Göttinnen, bis auf Ausnahme von Aphrodite, bekleidet.

Fand man den weiblichen Körper weniger vollkommen als den männlichen? In heutiger Zeit ist es gerade umgekehrt, da wird andauernd der weibliche Körper gemalt und fotografiert. Der männliche interessiert die Künstler längst nicht so. Gleichgültig, wie schön die Künstler der Antike den weiblichen Körper fanden, es gab nur einen ehrenvollen Grund, ihn öffentlich zur Schau zu stellen, ohne ihn gleich

> **DER OLYMP**
>
> Mit knapp 3000 Metern ist er das höchste Gebirgsmassiv Griechenlands. Der Olymp wurde als Sitz der Götter gesehen. Die griechischen Götter hatten also irdischen Boden unter den Füßen, sie waren nicht direkt im Himmel ansässig. Im antiken Griechenland glaubte man, sie wohnten auf dem Gipfel des Olymps und dort befänden sich ihre Paläste.

CHITON UND PEPLOS

Viel genäht wurde im alten Griechenland nicht. Frauen trugen ein rechteckiges Tuch, den Peplos, den sie sich um den Körper legten. Am Oberkörper wurde der Stoff nach außen geschlagen. Das Tuch steckte man mit Fibeln oder Nadeln über den Schultern zusammen. Ein anderes Bekleidungsstück, der Chiton, war aus Leinen. Ihn trugen Männer und Frauen. Der obere Teil des Tuches wurde zusammengenäht und ließ Öffnungen für Kopf und Arme. Der Chiton konnte weit oder eng getragen werden. Man gürtete ihn in der Taille und bauschte ihn am Oberkörper auf. Darüber wurde ein Obergewand getragen, ein ebenfalls rechteckiges Tuch, das Himation, ebenfalls für Frauen und Männer. Es wurde um den Körper drapiert, die Arme konnten dabei frei oder auch bedeckt sein. Manchmal wurde das Tuch auch wie eine Kapuze über den Kopf gezogen.

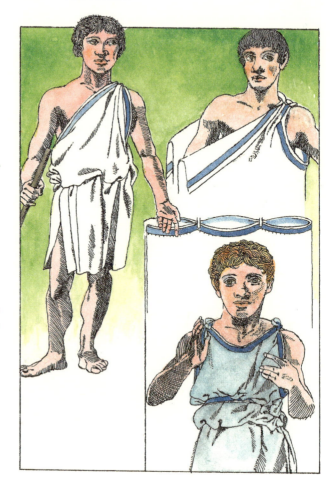

mit weiblicher Sexualität zu verbinden: die weibliche Fruchtbarkeit. Aphrodite war deshalb das einzige ehrbare Nacktmodell.

Statuen standen meist an öffentlichen Plätzen, an Gräbern, an Gebäuden und Tempeln, wo sie dazu dienten, die Götter bei Laune zu halten. Frauen waren jedoch weitgehend vom öffentlichen Leben ausgeschlossen. Als Priesterinnen konnten sie zwar öffentlich wirken, und auch bei Festen traten Frauen schon mal nach außen auf. Doch ansonsten lebten sie zusammen mit den Kindern in einem ab-

WARUM SIND DIE GRIECHISCHEN STATUEN NACKT? 157

geschiedenen Teil des Hauses, den sie kaum einmal verließen. Dies galt vor allem für die reichen Frauen. Frauen, die den Unterhalt ihrer Familie als Landarbeiterinnen verdienten, konnten sich freier bewegen. Selbst die Sklavinnen waren nicht so im Haus gefangen wie die Bürgerinnen. So gab es zwar nicht nur Statuen von Göttinnen, sondern auch weibliche Grabstatuen, doch während für die männlichen der perfekte Körper sprach, sprach für die Frauen die kostbare Kleidung. Sie zeigte die gesellschaftliche Stellung an.

AUF ANDERE ART NACKT

Die Christen zeigen ihren Gott ebenfalls nackt. Nur mit einem Lendenschurz bedeckt, hängt er am Kreuz. Er ist jedoch anders nackt als die griechischen Götter. Beim nackten Christus sieht man den gefolterten und ausgemergelten Körper, eine Mitleid erregende Hülle, die er bald verlassen wird, um aufzuerstehen. Der christliche Gott ist in nackter Gestalt ein schutzloses Opfer. Der antike Gott posiert nackt als strahlender Sieger.

Auch die großen Philosophen, die Dichter und Denker, wurden nicht nackt abgebildet. Man zeigte sie in Rednerpose mit großartigem Faltenüberwurf. An den Sportlern studierte man den idealen Körper, die Denker hatten mit diesem entrückten Bild von Nacktheit nichts zu tun. Führende Politiker stellte man auch nicht nackt dar, zu wirklichen Personen passte das Nacktsein nicht. Erst mit Alexander dem Großen (um 330 v. Chr.) änderte sich das. Aber kaum etwas scheint komplizierter als die Nacktheit: In Alexanders Zeit schaute man nämlich auf die nackten Götter- und Heldenstatuen von vor hundert Jahren zurück, und Alexander wurde als Nackter in ihre Gesellschaft aufgenommen, der Statuenkörper war nicht sein realer, sondern ein idealer Körper.

Wussten die Künstler der Antike nicht, wie man Bilder malt?

Bei so viel künstlerischer Nacktheit überall kann man sich vorstellen, dass die Bildhauer in der Antike sehr viel zu tun hatten. Komisch, dass man nicht so viele Künstlernamen kennt. Gab es damals noch keine Henry Moores, keine Picassos, keine Janoschs oder Rembrandts? Künstler gab es sicher viele, nur hatte man noch nicht die Angewohnheit entwickelt, mit der man sich später als Schöpfer eines Werkes auswies: Nur ganz wenige antike Statuen sind signiert. Womöglich lag es daran, dass man sehr viel im Team arbeitete, mit mehreren Handwerkern in einer Werkstatt. Oft war eine Statue also gar nicht als Werk eines Einzelnen auszugeben. An Respekt für die Künstler mangelte es jedenfalls nicht. Sie waren hoch angesehen, kamen nicht selten aus dem Kreis

---

DIE SIEBEN WELTWUNDER

In der Antike gab es eine Art Hitliste der größten Kunst- und Bauwerke. Sie war nicht unumstritten, denn sie enthielt nicht immer dieselben Werke. Sieben waren es wohl deshalb, weil die Sieben als eine heilige Zahl gesehen wird. Als einziges Wunder der antiken Charts haben sich bis heute die Giseh-Pyramiden bei Kairo erhalten. Die Zeusstatue des Phidias, der 130 Meter hohe Leuchtturm von Pharos, das riesige Grabgebäude oder Mausoleum zu Halikarnassos, der Tempel für die Göttin Artemis in Ephesos, der 30 Meter hohe Koloss von Rhodos oder die terrassenförmig angelegten hängenden Gärten der Semiramis – sie alle sind untergegangen.

der Bürger, es konnten allerdings auch Leute von außerhalb, also aus Ägypten, diese Arbeit tun.

Einer der Künstler, dessen Name überliefert ist, ist Phidias. Er soll unter anderen eine zwölf Meter hohe Zeusstatue geschaffen haben, die zu den sieben Weltwundern der Antike zählte. Er gilt auch als Erbauer des größten Tempels der Akropolis-Anlage in Athen, des Parthenon-Tempels. Wollte man den Tempel heute in einer Gesellschaft ohne Sklaven als Billigstarbeiter nachbauen, würde er, so wird geschätzt, eine halbe Milliarde Euro kosten. Damals baute man 15 Jahre an dem Tempel, und schon allein des kostspieligen Baumaterials wegen war er auch damals sehr, sehr teuer. Ein Künstler musste also das unbedingte Vertrauen seiner Auftraggeber genießen. Selbst der berühmte Phidias soll den Verlockungen nicht widerstanden haben, ihm wurde vorgeworfen, Baumaterial veruntreut zu haben. Dafür bekam er die Höchststrafe: Er musste den Schierlingsbecher leeren. So starb einer der großen Künstler der Antike jämmerlich im Gefängnis.

Wenn die Kunst derart gefördert wurde und es so viele begabte Künstler gab, warum sind dann so wenig Bilder aus der damaligen Zeit überliefert? Wusste man in der Antike noch nicht, was Zeichnen und Malen ist? Man wusste es schon, doch das Papier, das heute in riesigen Mengen gedankenlos vollgekritzelt oder kunstvoll bemalt wird, war damals ausgesprochen rar. Pergament oder Papyrus herzustellen, war sehr aufwändig. Zum Zeichnen benutzte man andere Unterlagen, so komisch es klingt, vor allem Keramikvasen.

Manchmal wurden Skizzen einfach in die Böden der Vasen gekritzelt, oder es wurde etwas in einen

> **DER SCHIERLINGSBECHER**
>
> **Es gab verschiedene Arten der Todesstrafe im alten Griechenland. Man konnte zur Steinigung verurteilt, auch von einer Schlange gebissen werden oder aber man musste den Schierlingsbecher leeren. Dieser Becher, der auch dem berühmten Philosophen Sokrates gereicht wurde, enthielt ein pflanzliches Gift. Nach dem Trunk trat der Tod durch Atemlähmung ein.**

feuchten Tonbatzen reingeritzt. Man benutzte auch Holztafeln, die mit einer dünnen Schicht aus Wachs überzogen waren. Wachstafeln waren die wichtigste Schreibunterlage im Gymnasium. Bücher sahen in der Antike zunächst ganz anders aus als heute. Sie waren nicht eckig, sondern rund, etwa so wie eine Rolle Küchenpapier. Ihr Material war Papyrus, eine ägyptische Schilfpflanze. Man zerteilte deren Stängel der Länge nach, legte die feinen Streifen nebeneinander und presste sie zu einem dünnen Blatt. Diese Blätter klebte man mit dem Pflanzensaft aneinander, so entstanden bis zu zehn Meter lange Rollen, die nicht von oben nach unten, sondern von links nach rechts gelesen, eben gewälzt wurden.

So viel Arbeit, bevor auch nur ein einziger Buchstabe geschrieben war! Deshalb gab es in der Antike auch schon ein Buchrollen-Recycling. Die Texte wurden einfach wieder weggekratzt und die Rolle neu beschrieben. Neue Gedanken schienen schneller angefertigt als das Material darunter.

Für die Leser und Bibliotheken späterer Zeiten ist diese Art des Recyclings schlecht. Genauso schlecht wie es für die Museen ist, dass auch die Bronzestatuen immer wieder eingeschmolzen wurden. Und noch schlechter ist, dass sie nicht für neue, größere, schönere Bronzen eingeschmolzen wurden, sondern für Kriegsgeräte.

Bronze ist ein schmelzbares Material, und so wurde es auch nicht behauen, sondern gegossen. Wie man Götterspeise in eine Schüssel gießt, erkalten lässt, dann umstürzt und schließlich die Schüsselform als Wackelpudding auf dem Teller liegen hat, das weiß jedes Kind. Doch wo gibt es eine Riesenschüssel in

> **KEIN BUTTERBROTPAPIER**
>
> Etwa um 200 v. Chr. begann man immer mehr Pergament zu verwenden, das damals nicht so aussah wie das bekannte Butterbrotpapier, sondern aus hauchdünner Tierhaut bestand und nicht so transparent war, dass man es zum Durchpausen benutzen konnte. Es hatte den Vorteil, dass man es beidseitig beschreiben und die Seiten aneinander heften und umblättern konnte.

der Form eines nackten Athleten? Nirgendwo. Deshalb dachten die Griechen sich ein anderes Verfahren aus. Erst einmal wurde ein Kern aus einem Metallgerüst und Lehm hergestellt, danach eine dünne Wachsschicht aufgetragen und genauso modelliert, wie die Bronze hinterher aussehen sollte. Dann umhüllte man die Figur mit Ton. Nun wurde das Dreischichtmodell erhitzt, und die Wachsschicht zerfloss. Diesen Hohlraum zwischen Kern und Tonmantel füllte man mit heißer, flüssiger Bronze auf.

Das Ganze hatte einen entscheidenden Nachteil. Man könnte zwar meinen, diese Herstellungsweise sei sehr zur Vervielfältigung einer Plastik geeignet. Doch die Griechen bekamen das noch nicht richtig hin. Da die Bronzeschicht genauso dünn war wie die Wachsschicht zuvor, musste jedes Mal der Tonmantel zerklopft werden. Oft waren die Figuren auch nicht aus einem Guss gemacht, sondern aus mehreren Teilen, die hinterher zusammengefügt wurden. Erst die Römer beherrschten die Gusstechnik perfekter und konnten mit einer Form mehrere, gleiche Plastiken herstellen.

Bilder wurden also in der Antike auf Keramik gezeichnet, in Bronze gegossen oder in Stein gehauen. Unter den gemeißelten Bildern gab es nicht nur die Statuen, die von allen Seiten betrachtet werden können, sondern auch Bilder, die aus dem Stein herauszuwachsen scheinen. Relief nennt man sie. Sie sehen aus wie Statuen, bei denen den Künstler die Lust verließ oder der Auftraggeber plötzlich nur die Hälfte des ausgemachten Preises bezahlen wollte. Denn der Künstler bearbeitete nur die Vorderseite des Steines und ließ die Rückseite glatt. Für die Reliefs gibt es jedoch eine andere Erklärung. Sie wurden den Gebäuden wie ein schöner

162 WARUM SIND DIE GRIECHISCHEN STATUEN NACKT?

> **HAUEN UND GIESSEN**
>
> Viele denken, es bestehe kein Unterschied zwischen einer Plastik und einer Skulptur. Dabei sind es zwei grundverschiedene Arten, eine Statue zu gestalten. Die Plastik ist gegossen. Man stellt also eine Form her und gießt das flüssige Material hinein – nicht etwa Kunststoff oder Plastik, die Griechen verwandten vor allem Bronze. Das ist ein Gemisch aus Kupfer und Zinn. Die Skulptur dagegen wird gehauen oder geschnitzt. Man bearbeitet den Stein oder das Holz also mit Meißel oder Messer.

Schmuck umgelegt. Ein Fries aus Reliefs sieht so ähnlich aus wie eine direkt unterm Dach angelegte Halskette. In der griechischen Antike wurde nicht nur viel, sondern auch prächtig gebaut, denn die Götter sollten bei Laune gehalten werden.

Vor allem die Tempel waren solche Gute-Laune-Stätten. Ihr Zweck war allein der, den Göttern zu huldigen und zu gefallen. Sie bestanden also aus vielen Säulen, auch frei stehenden Skulpturen und eben Reliefs als Bilderfolgen, die eine Geschichte erzählten. Hier kämpften Götter mit Giganten, Griechen gegen Trojaner, nackte Krieger stritten sich mit Kentauren – also Wesen, die halb Mensch, halb Tier sind. Überall wurden Schlachten nachgespielt und Wundertaten bildlich berichtet. Die Geschichten dazu kannte man in der Antike, niemand musste lange rätseln, wer da alles zur Ehre der Göttin Athene aufgefahren wurde. So wie heute jeder über das Privatleben der Stars Bescheid weiß, so kannte

man damals die Helden der griechischen Mythologie in- und auswendig.

Wahrscheinlich erkannte man auch damals schon, dass dies alles keine Abbilder der Wirklichkeit waren, denn niemand wäre so dumm gewesen, nackt in eine Schlacht zu ziehen, wo es doch Kettenhemden und Schutzhelme gab. Aber auf einem Relief kam der nackte Körper besser zur Geltung, denn man sah gleich die Stärke des Kriegers.

Klauten die antiken Künstler ständig die Ideen der anderen?

Mit der antiken Kunst ist es eine merkwürdige Sache, sie gaukelt uns vor, am liebsten sei man damals nackt herumgelaufen. Was, wie wir nun wissen, nicht der Wirklichkeit, sondern dem Bild vom idealen Menschen entspricht. Merkwürdig ist auch, wie häufig man es mit Fälschungen zu tun hat. Allerdings spricht man bei antiker Kunst nicht von Fälschungen, sondern von Kopien. Im Unterschied zu Zeiten, in denen man Kunst immer mit dem Namen eines Künstlers verbindet und von der herausragenden Qualität des Originals schwärmt, ist die Antike voller Nachbildungen und Nachbildungen von Nachbildungen.

Schon die Griechen kopierten sich gegenseitig, denn sie waren viel auf Reisen und brachten von dort auch Anregungen mit, die man heute als geis-

> **EFFEKTEMACHER**
>
> Nicht nur im Kino, auch am stehenden Stein lassen sich besondere Effekte erzielen. Auch hier kann man mit der Wahrnehmung des Betrachters tricksen. Wenn ein Mensch klein wie ein Frosch vor einem Tempel steht und nach oben schaut, stimmen aus dieser Perspektive die Größenverhältnisse nicht. Er sieht das, was oben ist, verkürzt im Verhältnis zum unteren Teil. So verlängerten die Bildhauer manchmal den oberen Teil und ließen ihn stärker aus dem Stein heraustreten. Man bezeichnet dies als Hochrelief.

164 WARUM SIND DIE GRIECHISCHEN STATUEN NACKT?

PORTRÄTS HABEN KÖRPER

Bei den Griechen hatten Porträts eine andere Bedeutung als heute. Heute ist das Porträt ein Kopfbild, gemalt oder fotografiert. Das Porträt in der griechischen Antike hatte jedoch auch einen Körper, es war ein Standbild an einem öffentlichen Ort. Dabei kam es gar nicht so sehr auf die Ähnlichkeit mit dem Dargestellten an, sie spielte beim Porträt eine untergeordnete Rolle. Wichtiger war, dass man öffentlich für seine Verdienste geehrt wurde. Erst die Römer begannen sich später auf Büsten, also reine Kopfbilder, zu spezialisieren.

tigen Kunstraub, als Plagiat, bezeichnen würde. Damals, als der Künstler oder Erfinder noch nicht so im Vordergrund stand, war das jedoch anders. Und als dann die Römer im zweiten Jahrhundert vor Christus die Macht über den gesamten Mittelmeerraum und damit auch über die Griechen an sich gerissen hatten, betrachteten sie die Statuen wiederum sehr aufmerksam. Sie kopierten ihre Statuen, sie lernten von den griechischen Bildhauern, und sie lernten noch einiges dazu. Bei ihnen spielte das Gesicht eine größere Rolle als bei den Griechen. Die Römer gaben den Statuen viel persönlichere

Züge. Manchmal setzten sie einem griechischen Körper auch einen römischen Kopf auf. Der Idealismus der Griechen, also die Darstellung von Idealgestalten, wurde von dem Realismus der Römer abgelöst. Das klingt so, als könnte man römische und griechische Figuren perfekt voneinander unterscheiden. Doch selbst die Archäologen tun sich darin manchmal schwer.

Mitunter ist es weniger die Figur selbst als vielmehr ein Baumstamm, der etwas über ihre Herkunft verrät. Die römischen Bildhauer gaben ihren Statuen mehr Stützen, mehr äußeren Halt, denn sie arbeiteten vor allem mit dem schwereren Marmor. Wenn sie also eine leichtere Bronzefigur kopierten, mussten sie sie mit zusätzlichen Krücken standfest machen. Für die Archäologen sind dies Hilfen bei der zeitlichen Einordnung der Statuen.

Bis heute sind die griechische und die römische Antike stilbildend für die gesamte Kunst. In der Renaissance wurden die von den Römern kopierten Griechen wieder kopiert. In dieser Zeit entstand eine der Figuren, die zu den Höhepunkten der Kunstgeschichte zählt: der David des Michelangelo. Und selbstverständlich steht er so da, wie auch die Künstler der griechischen Antike ihn geschaffen hätten: nackt.

> **DIE ZEITRECHNUNG**
>
> Hätte man einen Griechen nach dem Jahr gefragt, in dem er geboren wurde, hätte er dann geantwortet: »459 vor Christus«? Wohl kaum. Wie sollte er wissen, dass sich lange nach seiner Geburt die Zeitrechnung umstellen und dass man in Büchern einmal v. Chr. (für »vor Christus«) und n. Chr. (für »nach Christus«) schreiben sollte? Etwa tausend Jahre später wurde die Grundlage zur christlichen Zeitrechnung gelegt. Schon sehr viel früher hatte man Kalenderberechnungen nach Sonne und Mond angestellt. Wie die Jahre aber gezählt wurden, das stand in der Antike oft in Beziehung zu den Regierungszeiten von Königen. Die antiken Geschichtsschreiber nutzten darüber hinaus schon die Einteilung der Zeit in Olympiaden (immer vier Jahre).

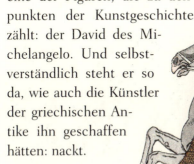

Warum bin ich Ich?

Die Iche sind los. Daheim, in der Schule, auf der Straße, im Fernsehen. Überall sagen die Leute »Ich«. »Ich bin.« »Ich will.« »Ich brauche.« »Ich muss.« »Ich kann.« Auch Kinder haben überhaupt kein Problem mit dem Ich. »Ich will jetzt ein Eis haben, und zwar flott!« Sagen sie, und es fällt ihnen überhaupt nicht schwer. Trotzdem denken Philosophen seit vielen Jahrhunderten darüber nach, was es mit diesem »Ich« auf sich hat, das jeder Mensch hundertmal am Tag benutzt. Kann es sein, dass mehr dahinter steckt?

> Philosophen denken über so komplizierte Sachen nach, dass Kinder es garantiert nicht verstehen. Denken viele Leute. Dabei haben Philosophen und Kinder vieles gemeinsam. Der Tübinger Philosoph Prof. Manfred Frank zeigte in der Kinder-Uni, dass die Philosophen den Kindern eine ganze Menge zu sagen haben. Mit Kritik und vielen Anregungen half er auch bei diesem Kapitel.

Unsere Suche nach dem Ich beginnt an einem Ort, an dem es nicht ein einziges Ich gibt: in einem Ameisenhaufen. Ein Ameisenhaufen ist ein kunstvolles Bauwerk. Die Ameisen formen ihn wie einen Berg, so dass er von der Sonne gut beschienen wird. Damit der Regen nicht eindringt, bedecken sie ihn mit Tannennadeln. Dadurch kann das Wasser abfließen wie auf einem Ziegeldach. Im Inneren des Baus gibt es zahlreiche Kammern, die durch Gänge miteinander verbunden sind. Sogar mit einer Klimaanlage statten die Ameisen ihr Haus aus. Und mit einem Friedhof.

Viele hunderttausend Ameisen können in einem einzigen Ameisenbau leben. Alle wissen genau, was sie zu tun haben, und streiten sich nicht. Die kleineren Ameisen kümmern sich um den Nachwuchs. Sie füttern die Larven und tragen sie, wenn sie sich verpuppt haben, in eine Puppenstube. Die mittelgroßen Ameisen beschaffen Nahrung für das gesamte Volk und bessern das Nest aus, und die großen Ameisen verteidigen den Bau gegen Eindringlinge.

Wenn sich zwei Ameisen begegnen, können sie sich miteinander verständigen. Sie erkennen sich am Geruch und beklopfen sich mit ihren Fühlern. Wenn sie Nahrung gefunden haben, hinterlassen sie für ihre Kollegen Duftspuren. So finden die Ameisen zu ihrer Nahrungsquelle und wieder zurück ins Nest, selbst im Dunkeln. Ameisen können riechen, wo es Wasser gibt oder wo besonders viel Kohlendioxid in der Luft hängt. Sie schleppen Krümel, die größer sind als sie selbst, in ihren Bau und halten sich Blattläuse, um sie zu melken. Einige Arten finden sich in komplizierten Labyrinthen zurecht, andere töten eindringende Schlangen. Ameisen haben Fähigkeiten, von denen Menschen nur träumen können, doch das Einfachste von der Welt beherrschen sie nicht. Sie können nicht »Nein« sagen.

Keine Ameise kommt auf die Idee und ruft: »Schluss mit dem blöden Krümelschleppen, ich geh jetzt in die nächste Honigbar und genehmige mir eine doppelte Portion.« Keine Ameise sagt: »Sorry, Kollegen, aber heute bin ich zu faul zum Hausbauen, ich lege mich noch eine Runde aufs Ohr.« Ameisen können nicht faul sein, sie können nicht darüber nachdenken, ob die Honigbar vielleicht interessanter ist als Krümelschleppen. Ameisen tun immer, was sie tun müssen. Sie folgen einem Programm, das in ihren Erbanlagen steckt. Sie haben Augen, Ohren und andere Sensoren, mit denen sie mehr Gerüche wahrnehmen können als wir. Ihr kleines Gehirn kann Tausende von Reizen verarbeiten und darauf reagieren. Zur richtigen Zeit schickt es die richtigen Befehle an die sechs kleinen Beine oder die Giftdrüse. Trotzdem fehlt den Ameisen etwas: Sie haben kein Ich. Sie wissen nicht, dass sie etwas Besonderes sind.

Damit kommen sie gut zurecht. Seit 130 Millionen Jahren leben Ameisen auf der Erde, und nie hat eine einzige Ameise je ein Ich vermisst. Alles, was sie wissen müssen, sagt ihnen ihr Programm: dass sie Nahrung brauchen, sich vermehren müssen, dass ein Käfer zu vertreiben ist, wenn er in den Bau eindringt, und natürlich auch, dass sie ihr Leben erhalten müssen. Doch das Leben selbst ist ihnen ganz egal. Wenn eine andere Ameise stirbt, sind sie nicht traurig und legen keine Blumen auf ihr Grab. Ameisen haben keine Angst zu sterben. Sie wissen nicht einmal, dass sie leben. Sie tun, was sie tun müssen.

Hilfe, ich habe ein Ich!

Auch Menschen tun, was sie tun müssen. Sie spüren Hunger und essen ein Brot, sie merken, dass die Blase drückt, und gehen aufs Klo, sie schlafen, wenn sie müde sind, und abends, beim Spaziergang durch eine dunkle Straße, bekommen sie Angst. Angst ist ein Gefühl, gegen das sich Menschen nicht wehren können, weil es in ihren Körper eingebaut ist. Angst können sie nicht abschalten. Aber sie können etwas, was Tiere nicht können. Menschen können sich sagen: »Ich habe zwar Angst, aber ich gehe trotzdem weiter.« Sie müssen ihrem Programm nicht folgen. Sie können tun, was sie tun wollen. Denn sie haben ein Ich.

Das Ich ist eine der seltsamsten Erfindungen der Natur. Fast alle Lebewesen der Erde müssen ohne Ich auskommen. Apfelbäume, Maulwürfe, Regenwürmer, Bakterien, Wellensittiche: Sie alle leben ohne das kleinste bisschen Ich. Außer dem Menschen gibt es nur noch ganz wenige Lebewesen, die über so etwas Ähnliches wie ein Ich verfügen. Es sind Schimpansen und Delphine. Doch keine andere Art hat so viel aus ihrem Ich gemacht wie der Mensch.

Mit ihrem Ich schreiben Menschen Romane, sie drehen Filme, erfinden Computerspiele und komponieren Symphonien. Sie fliegen zum Mond und bauen Atomkraftwerke. Sie lesen, schreiben, lernen und entdecken ständig Neues. Mit ihrem Ich haben sie die ganze Welt erobert. Trotzdem denken die Menschen selten über ihr Ich nach. »Hilfe, ich habe ein Ich!« Das sagt niemand. Die meisten Leute haben sich an ihr Ich gewöhnt und glauben, dass sie alles darüber wissen. Wenn einen jemand fragt,

---

FRAU OHNE ANGST

Der Nervenarzt Prof. Antonio R. Damasio beschreibt in seinem Buch »Ich fühle, also bin ich« eine Frau, in deren Gehirn eine bestimmte Region verkalkt ist. Diese Frau wusste nicht, was Angst ist. Sie war intelligent, eine gute Mutter und hatte viele Freunde. Doch weil sie keine Angst und kein Misstrauen kannte, wurde sie immer wieder von anderen Menschen ausgenutzt und enttäuscht.

dann sagt man: »Ich? Wer ich bin, willst du wissen? Das ist doch ganz einfach. Ich bin der Konrad.« Und das Rätsel ist gelöst. Andere sagen: »Ich bin der Niklas.« »Ich bin die Marlene.« »Ich bin die Sophie.« Und schon ist klar, wer all diese Iche sind.

Ist die Frage nach dem Ich damit wirklich gelöst? Ist das Ich einfach nur ein Name? Dann hätten die Kinder heute viele Iche, schließlich haben sie auch viele Namen. »Mäusezähnchen« zum Beispiel oder »Atze«. Das sind Spitznamen. Andere Kinder haben einen Namen fürs Internet: »netcat32@web.de«. Oder »pusteblume@gmx.net«. Es gibt sogar Leute, die ihren Namen ändern. Die deutsche Sängerin Sarah Lewe aus Delmenhorst beschloss eines Tages, sich »Sarah Connor« zu nennen, wie eine Figur aus einem Terminator-Film. Unter diesem Namen wurde sie berühmt. Andere Iche lassen ihren Namen auf dem Standesamt ändern, weil sie unter ihm leiden. Jemand, der »Helmut Hosenscheißer« heißt, darf einen anderen Namen annehmen. Auch den Namen »Hitler« muss niemand mehr tragen, weil alle Leute dann sofort an den schrecklichen

Diktator denken. Aber kann man auf dem Standesamt mit dem Namen auch sein Ich ändern?

Die Verbindung zwischen dem »Ich« und dem Namen ist wacklig, das merken wir, je länger wir darüber nachdenken. Und sie kann sogar ganz zerbrechen. Wir müssen uns nur daran erinnern, dass ab und zu Babys kurz nach der Geburt vertauscht werden. Ein Baby, das eigentlich »Lilly Luder« heißt, könnte plötzlich den Namen »Lisbeth Lautenschläger« bekommen, nur weil eine zerstreute Krankenschwester aus Versehen das falsche Schild ans Bettchen hängt. Sein ganzes Leben lang würde das vertauschte Baby denken: »Ich bin Lisbeth Lautenschläger.« Und nie würde das Kind erfahren, dass es eigentlich »Lilly Luder« heißt. Es könnte sich, anders als Sarah Connor oder Helmut Hosenscheißer, nicht einmal daran erinnern, wie sein erster Name war. Wäre das Ich des Kindes in Wirklichkeit Lisbeth? Oder doch Lilly?

Schon ist es passiert: Dinge, die zuerst ganz einfach erscheinen, werden kompliziert. Und je länger man über sie nachdenkt, desto rätselhafter werden sie. Das Ich ist schon jetzt ziemlich rätselhaft, aber es ist noch lange nicht rätselhaft genug. Deshalb ist es Zeit für ein Experiment.

Wer hat die Macht im Bein?

Für das Experiment wird ein kleiner Bruder, eine kleine Schwester, eine gute Freundin oder ein Freund benötigt. Wer auch immer es ist, er oder sie bekommt die Augen verbunden. Die Versuchsleiterin sagt: »Liebe Versuchsperson, bitte entspann dich, es geht um ein wissenschaftliches Experiment«, und dann kneift sie die Versuchsperson plötzlich sehr kräftig ins Bein. Manchen Versuchsleiterinnen fällt es schwer, ihre Versuchsperson zu kneifen. Sie sollten daran denken, dass für die Wissenschaft manchmal Opfer gebracht werden müssen.

Das Ergebnis des Experiments ist, dass die Versuchsperson einen deutlichen Schmerz fühlt und »Aua« sagt. Die Versuchsleiterin spürt dagegen nichts (außer Mitleid selbstverständlich). Sie beruhigt die Versuchsperson, bietet ihr einen Keks an und startet dann Runde zwei. Jetzt kneift die Versuchsleiterin in ihr eigenes Bein. Und zwar wieder kräftig. Ergebnis: »Aua«. Die Versuchsleiterin stellt fest: Wenn man sich selbst ins Bein kneift, ist es anders, als wenn man den kleinen Bruder ins Bein kneift. Es tut weh, weil das gekniffene Bein zu ihr gehört. Es ist mit ihrem Ich verbunden.

Das Experiment hat gezeigt, dass ein normales Ich bis an die Grenzen des Körpers reicht. Beine und Arme, Zehen und Finger, Bauch und Po: alles ist mit dem Ich verbunden. Ist das Ich also einfach der Körper? Und das Rätsel gelöst? Natürlich nicht, denn das wäre immer noch viel zu einfach. Schließlich ist das Ich ein großes Rätsel und nicht ein kleines. Deshalb erinnern wir uns noch einmal an das zweite Experiment, bei dem die Versuchsleiterin das eigene Bein gekniffen hat, und stellen die Frage: Wer genau hat in diesem Fall das Bein der Versuchsleiterin gekniffen? Die Antwort ist einfach: Es war das Ich der Versuchsleiterin. Und damit wird die Sache kompliziert, denn wir haben jetzt ein Ich, das mehr ist als ein Bein und vor allen Dingen auch mächtiger ist als ein Bein. Jedenfalls kann es Beine und andere Körperteile kneifen, während andererseits noch nie ein Bein oder ein anderes

Körperteil beobachtet wurde, das sein Ich gekniffen hätte.

Was ist das für ein Ich? Versuchen wir einmal, uns ganz stark auf unser Ich zu konzentrieren. Wir betrachten unsere Finger, bewegen sie und stellen wahrscheinlich als Erstes fest, dass unser Ich mit unseren Augen verbunden ist. Doch dann schließen wir die Augen ganz fest, konzentrieren uns wieder aufs Ich und fühlen: Wir sind es immer noch, das Ich gibt es auch ohne Augen. Wir können nicht genau sagen, wo unser Ich steckt, aber wir haben das Gefühl, als würde es irgendwie in unserem Kopf herumgeistern wie ein kleines Gespenst.

Wohnt das Ich im Gehirn?

Tatsächlich braucht ein Ich auch einen Kopf, genauer gesagt: ein Gehirn. Menschen, deren Gehirn zerstört ist, wissen nicht mehr, dass es sie gibt, sie haben kein Ich mehr. Muss man sich also nur das Gehirn gut anschauen, wenn man etwas über das Ich lernen will? Einige Hirnforscher glauben das. Sie sind davon überzeugt, dass man herausfinden kann, was es mit dem Ich auf sich hat, wenn man die Vorgänge im Hirn studiert. Tatsächlich wissen die Forscher schon eine ganze Menge darüber, was im Gehirn passiert, wie es Geräusche verarbeitet und Bilder, wie die Erinnerung funktioniert, wie es die Bewegung der Arme und Beine steuert und sogar, wie es denkt.

Die Hirnforscher untersuchen das Gehirn ungefähr so, wie man einen besonders komplizierten Computer studiert. Es interessiert sie, wie im Körper Daten verschickt und wo diese Daten gespeichert

---

HAUT UND HIRN

Schon in der elften Woche bildet sich beim Embryo die erste Vorstufe des Gehirns. Die Rückenhaut stülpt sich ein und bildet das Neuralrohr, das später zum zentralen Nervensystem ausgebaut wird. Es ist kein Zufall, dass sich bei allen Lebewesen das Gehirn aus der Außenhaut entwickelt. Die frühen Lebewesen auf der Erde, die Einzeller, die noch über kein Gehirn verfügten, empfingen nur ein paar Reize über ihre äußere Hülle. Das Gehirn entwickelte sich erst im Lauf der Evolution als eine Art Verlängerung der Haut: Als die Organismen größer wurden und sich immer mehr Zellen zulegten, mussten die verschiedenen Reize aus den verschiedenen Zellen miteinander verbunden werden.

werden. Tatsächlich sind das Herz, der Magen, die Muskeln, die Sinne und die anderen Organe mit dem Gehirn verbunden wie mit einem zentralen Rechner und schicken ihm ständig Nachrichten. Die Nachrichten werden im Gehirn empfangen und verarbeitet. Melden beispielsweise die Augen: »Kleines graues Etwas mit Fell wird größer« und das Ohr: »Etwas schnurrt«, dann sorgt das Gehirn dafür, dass diese beiden verschiedenen Botschaften im Nu verbunden werden. Winzige elektrische Ströme rasen dabei durch die Nervenzellen, hüpfen von einer zur anderen. Bis schließlich die Hand die Katze krault.

Die Nervenzellen sind die Arbeiter in unserem Gehirn. Es gibt Milliarden von ihnen, die so dicht zusammengepackt sind und so winzig, dass sie wie eine große feste wulstige Masse aussehen. Um die ganze Arbeit zu schaffen, haben sich die Nervenzellen in Teams zusammengeschlossen. Die Hirnforscher können heute ziemlich genau sagen, welche Teams in welchem Bereich des Gehirns für das Hören, welche für das Sehen, welche für das Gedächtnis und welche für andere Aufgaben zuständig sind. Wenn ein Mensch nichts sehen kann, obwohl seine Augen einwandfrei funktionieren, können die Forscher sagen, wo in seinem Gehirn ein Schaden aufgetreten ist. Es gibt Menschen, die sich Dinge nur noch für dreißig Sekunden merken können, weil eine Hirnregion gestört ist. Wenn sie ein Zimmer verlassen, wissen sie schon nicht mehr, wer darin gesessen hat. Solche Krankheiten entstehen, weil im Gehirn Blut ausgetreten ist oder ein Tumor sich ausgebreitet hat.

LERNEN, WENN MAN JUNG IST

Mit elf oder zwölf Jahren, wenn Kinder in die Kinder-Uni gehen, ist ihr Gehirn auf Neuigkeiten besonders gut vorbereitet. Jede Nervenzelle in ihrem Gehirn ist dann mit etwa 50 000 anderen Nervenzellen verbunden. In den folgenden Jahren werden die Verbindungen, die nicht benötigt werden, wieder gekappt. Die Nervenzellen von Erwachsenen sind nur noch mit 10 000 anderen Zellen verbunden.

Könnte es sein, dass es auch ein paar Teams im Hirn gibt, die das Ich machen? Und dass es eine Region gibt, in der spezielle Ich-Informationen gespeichert sind? Um das herauszufinden, messen die Forscher mit raffinierten Methoden, welche Teams bei welcher Aufgabe aktiv sind und wie die unzähligen elektrischen Ströme in unserem Gehirn von einem Ende zum anderen flitzen. Eines Tages, so hoffen sie, werden sie verstehen, wie das Gehirn mit all den herumflitzenden Energieströmen ein Ich baut. Aber wie müssen wir uns dieses Ich dann vorstellen? Werden wir vor einem Computer-Monitor stehen mit vielen Zahlen und bunten Diagrammen darauf, und ein Wissenschaftler sagt uns: »Das ist dein Ich.«?

Das ist keine wirklich gute Vorstellung. Aber sie führt zu einer anderen, sehr wichtigen Frage: Kann man überhaupt etwas über das Ich herausfinden, wenn man sich das menschliche Gehirn anschaut und elektrische Ströme misst? Ist es nicht das Gleiche, als würde man in einem besonders raffinierten Super-Roboter nach dem Ich schauen?

Über Fragen wie diese denken Philosophen nach. Vor 2400 Jahren hat Platon, einer der wichtigsten Philosophen, der je gelebt hat, das Buch »Phaidon« geschrieben. Er erzählt darin, wie Sokrates, sein Lehrer, im Gefängnis sitzt. Seine Freunde fragen sich, warum er nicht flieht. Sokrates gibt zwei Antworten. Einerseits bleibt er in seiner Zelle sitzen, weil seine Knochen und Sehnen sich nicht bewegen und seinen Körper nicht hinausbefördern. Es ist also sein Körper, der ihn in der Zelle hält. Andererseits aber bleibt er im Gefängnis, weil er gar nicht fliehen will. Er sei vom Staat verurteilt worden, im Gefängnis zu sitzen, sagt er, und er wolle die Gesetze des

> **DER HIRNTOD**
>
> **Früher galt ein Mensch als tot, wenn sein Herz nicht mehr schlug. Im Jahr 1997 hat die Bundesrepublik Deutschland das geändert. Seit diesem Jahr können die Ärzte einen Menschen für tot erklären, wenn sein Gehirn keine elektrischen Signale mehr sendet. Es kann sein, dass alle anderen Organe funktionieren und sogar das Herz noch schlägt. Trotzdem ist der Mensch tot.**

Staates befolgen. Also ist es sein Wille, der ihn an der Flucht hindert.

Beide Antworten stimmen. Tatsächlich flieht Sokrates nicht, weil seine Beine sich nicht bewegen, die Muskeln sich nicht spannen und die Sehnen die Knochen nicht anziehen. Doch eine gute Antwort auf die Frage nach der Flucht ist das nicht gerade. Dann könnte man ja auch die Frage, warum der Lehrer einem in der Klassenarbeit eine Sechs gibt, so beantworten: weil seine Finger einen runden Kringel mit einem Häkchen unter die Arbeit malen. Das Problem mit diesen Antworten ist, dass sie nur den Körper von Sokrates und dem Lehrer betreffen, und nicht seinen Geist.

Auch auf die Frage: »Warum bin ich Ich?« könnte man eine solche einfache Antwort geben. Man könnte sagen: »Du bist ein Ich, weil in deinem Gehirn eine Menge elektrischer Ströme zwischen verschiedenen Bereichen fließen und eine Vorstellung erzeugen, die du ›Ich‹ nennst.« Dieser Satz ist zweifellos richtig: Ohne die Aktivitäten unseres Gehirns könnten wir nicht denken, nicht sprechen und nicht einmal träumen vom Ich.

Doch wüssten wir dann mehr über unser Ich? Viele Philosophen sind davon überzeugt, dass man mit dem Betrachten von Gehirnströmen das Ich nicht erklären kann. Für sie ist das Ich etwas viel Tieferes.

Was haben uns rosa Sonnenbrillen zu sagen?

Gute Philosophen erkennt man daran, dass sie gute Fragen stellen. Fragen, die mit Warum anfangen. Viele Kinder sind deshalb ziemlich gut in Philosophie. Sie haben eine Menge Warum-Fragen auf Lager.

Guten Philosophen und klugen Kindern fällt immer etwas auf. Ständig fangen sie an zu grübeln, was es wohl bedeuten könnte. Sie setzen zum Beispiel eine rosa Sonnenbrille auf und sehen alles rosa. Schon fragen sie sich, wie es wäre, wenn sie mit einer rosa Augenlinse geboren wären. Die ganze Welt wäre dann rosa, aber sie wüssten es nicht, weil

sie die normale Welt gar nicht kennen. Und dann fragen sie sich: Haben wir vielleicht schon alle rosa Augenlinsen und merken es nicht? Und die Welt ist ganz anders, als wir sie sehen?

Die ersten Philosophen, von denen wir wissen, haben sich diese Fragen vor 2600 Jahren gestellt. Sie wollten wissen, wie die Welt wirklich ist, woraus sie tief in ihrem Innersten besteht. Aus Wasser, meinte einer. Aus Feuer ein anderer. Heute ist klar, dass diese Antworten nicht richtig sind. Aber die Fragen sind immer noch aktuell. Die Frage nach der Welt und woraus sie besteht und die Frage nach dem Menschen mit seinem Ich, der über diese Welt nachdenkt. Das »Ich« oder das »Selbstbewusstsein« sind Begriffe, mit denen sich die Philosophen beschäftigen, genau wie mit Seele, Gerechtigkeit oder Vernunft. Fragen nach der Seele, der Vernunft oder dem Ich lassen sich nicht so einfach beantworten wie die Frage nach der Uhrzeit. Auf philosophische Fragen gibt es immer viele Antworten, und welche die richtigen sind, kann man nicht mit einem Experiment und einem Metermaß herausfinden.

Es gibt eine lustige Geschichte von dem Philosophen John Perry, der in einem Supermarkt plötzlich eine Zuckerspur entdeckt. Da hat wohl jemand ein Paket Zucker mit einem Loch erwischt, denkt er und macht sich auf die Suche nach dem Kunden. Er folgt der Spur um das Regal herum und stellt fest, dass sie breiter wird. Er folgt der Spur noch mal um das Regal herum und merkt, dass die Spur noch breiter wird. So dreht er ein paar Runden, bis er plötzlich entdeckt: »Das bin ja ich! Ich selbst bin der Kunde mit dem zerrissenen Paket.«

Normalerweise weiß der Philosoph Perry natürlich, dass er der Philosoph Perry ist. Doch im Supermarkt erkennt er sich plötzlich nicht mehr, weil er nur eine Zuckerspur sieht, eine Spur, die er zwar verursacht hat, die er aber nicht selbst ist. Man könnte fast sagen, dass sich die Zuckerspur zwischen ihm und seinem Ich befindet. Es braucht deshalb ein bisschen Zeit, bis er erkennt, dass er selbst die Zuckerspur gelegt hat und die Verbindung zu sich selbst wieder herstellen kann.

Der Philosoph Manfred Frank glaubt, dass Menschen von ihrem Ich ganz direkt wissen müssen, damit sie eine Zuckerspur oder ihr Bild im Spiegel auf sich beziehen können. Das Ich liegt vor allen Erscheinungen. Wer nicht ganz unmittelbar von sich weiß, kann jahrelang in einen Spiegel schauen und wird nie darauf kommen, dass die Figur darin er selbst ist. Hätte der Philosoph Perry nicht von sich gewusst, hätte er viele Runden um das Regel drehen müssen. Nur sein Ich rettete ihn vor dem Kreislaufkollaps.

Natürlich fühlt man sich manchmal, als sei das Ich auch etwas, was man anfassen kann, etwas, was hübsch oder hässlich ist, wächst oder schrumpft. Zum Beispiel wenn man wegen einer eingeworfenen Glasscheibe zur Direktorin muss oder wenn einem bei der Klassenarbeit partout nicht einfällt, wie bei einer Pflanze die Photosynthese funktioniert. Da hat man das Gefühl, als würde das Ich ganz schön klein werden oder sich sogar in einen längeren Urlaub verabschieden. In Wahrheit aber hat dieses Gefühl mit dem wirklichen Ich nichts zu tun. Was in solchen Fällen schrumpft, ist nur der Mut und die große Klappe, nicht das Ich.

Das Ich im Spiegel

Kleine Babys kennen ihr Ich noch nicht. Sie können zwischen sich und ihrer Umwelt noch nicht genau unterscheiden. Die Brust der Mutter oder der Arm des Vaters gehören genauso zu ihnen wie ihr Daumen. Erst wenn die Kinder ungefähr zwei Jahre alt sind, erkennen sie, dass sie etwas Besonderes sind, dass sie einen eigenen Körper haben mit Grenzen nach außen. Eltern sind immer mächtig stolz, wenn ihre Kinder gehen oder sprechen können. Dabei ist es eigentlich viel wichtiger, wenn Kinder sich selbst erkennen.

Ob ein Kind ein Ich hat, weiß man, wenn es vor einem Spiegel steht. Ein Kind, das schon von seinem Ich weiß, sieht das Bild darin und erkennt sich. Vielleicht hebt es den Arm und freut sich, dass sein Bild im Spiegel auch den Arm hebt. Oder es lächelt und betrachtet sein eigenes Lächeln. Viele Eltern bekommen gar nicht mit, wenn ihr Kind sich zum ersten Mal im Spiegel erkennt. Das ist kein Wunder. Denn das Ich schleicht sich heran wie ein Indianer: Plötzlich ist es da. Auch als Kind bemerkt man nicht, wie es näher kommt. Man lernt vielleicht, dass sich die eigene Haut anders anfühlt als die der Mutter, aus deren Bauch man gekommen ist. Man

AFFEN IM SPIEGEL

Nicht nur Menschen, auch Schimpansen und einige andere Affen können sich selbst im Spiegel erkennen. Dies fand der amerikanische Psychologe Gordon Gallup im Jahr 1969 heraus. Er malte einem betäubten Schimpansen einen roten Fleck auf die Stirn. Der Affe versuchte daraufhin, den Fleck mit Hilfe eines Spiegels zu entfernen. Er hatte erkannt, dass im Spiegel nicht ein anderer Affe zu sehen war, sondern er selbst. Anders als Kinder erkennen Affen sich aber nicht in einem Videofilm. Ihr Ich reicht nicht über die Gegenwart hinaus.

lernt, dass man sich plötzlich streiten muss mit der Mutter, wenn man etwas nicht bekommt. Und man lernt, dass man Hände hat, um die Dinge zu greifen, die man haben will. Aber was das alles mit dem Ich zu tun hat, weiß man als Kind noch nicht.

Wenn ein Mensch erst einmal weiß, dass er ein Ich ist, hat das eine große Bedeutung in seinem Leben. Er wird noch vieles lernen über die Welt, wird Freunde kennen lernen, traurig sein, Spaß haben und manchmal eins auf die Mütze bekommen. Er wird unterschiedliche Meinungen vertreten, mal laute Musik mögen, mal leise, mal Kakao zum Frühstück trinken, mal Kaffee. Aber bei all dem wird er immer von dem gleichen Ich begleitet. Es wird immer wissen, das bin ich, der da trinkt.

Kinder freuen sich, wenn sie ein neues Skateboard bekommen oder den neuen Harry-Potter-Band oder eine Barbie-Puppe. Über ihr Ich freuen sie sich komischerweise nicht besonders. Dabei verändert das Ich die ganze Welt. Man kann sogar sagen, dass die Welt in gewisser Weise erst da ist, seit es das Ich gibt.

Natürlich gab es auch in der Ich-losen Zeit schon Sonnenaufgänge und Sonnenuntergänge, es haben große Tiere kleine Tiere gejagt, Dinosaurier liefen über die Erde, gigantische Vulkane brachen aus, und ganze Kontinente machten sich auf die Reise übers Meer. Nur hat es niemand gewusst. Es gab keine Ichs, die sagen konnten: »Boah ey.« Oder: »Ist das schön!« Und dann ihren Fotoapparat holten, um das Dinobaby aufzunehmen. Die Welt war da, aber es hat niemanden interessiert. Das heißt: War sie eigentlich da?

Ist die Welt von Monstern gemacht?

Dass die Welt existiert, wissen wir nur, weil es uns gibt, weil wir ein Ich haben. Wir können die Welt fühlen und riechen, wir können sie sehen, auf ihr herumlaufen. Wir können uns an erfreuliche oder unerfreuliche Ereignisse erinnern. Aber was war eigentlich, bevor es uns gab? War da überhaupt was? Wir kennen Leute, die uns sagen: Es gab einmal einen Zweiten Weltkrieg, und da musste jemand, den du Großvater nennst, in den Krieg ziehen. Und jemand, den du Großmutter nennst, hat in Opladen gewohnt, Blümchenkleider genäht und ein Kind bekommen, das du heute Vater nennst.

Aber niemand kann dir sagen, ob das nicht alles geflunkert ist. Es könnte sein, dass die ganze Welt erst mit deiner Geburt angefangen hat. Opladen, Großvater, Großmutter und Vater, all das gab es vorher nicht. Und all das wird wieder aufhören, wenn du stirbst. Sie zeigen dir Fotos, auf denen Mutter und Vater vor dem Schiefen Turm in Pisa stehen und sagen, das war unsere erste Urlaubsreise, da hat Mama das kleine schwarze Kleid gekauft, das sie manchmal

> **DIE SOLIPSISTEN**
>
> Manche Leute glauben, dass es überhaupt keine Außenwelt gibt und die Welt nur in ihrem eigenen Kopf existiert. Das sind die Solipsisten. Überzeugte Solipsisten glauben, dass sie alles tun dürfen, was sie wollen, weil es andere Menschen gar nicht wirklich gibt. Sie dürfen sogar morden. In Wahrheit nutzt den Solipsisten ihr Solipsismus allerdings nichts. Auch Solipsisten werden ins Gefängnis gesperrt, wenn man sie bei einem Verbrechen erwischt.

anzieht. Aber gab es diese Fotos wirklich schon vor deiner Geburt? Oder hat vielleicht ein Dämon das alles für dich erfunden? Und alles ist nur ein Traum?

Es hilft nichts, wir sind jetzt mittendrin im Philosophieren. Und die Gedanken, die wir haben, sind ein bisschen unheimlich. So wie die Geschichte mit den rosa Sonnenbrillen und der Frage, ob nicht die Welt in Wahrheit ganz rosa ist. Tatsächlich müssen wir uns damit anfreunden, dass die Welt nicht genauso ist, wie wir sie sehen, hören oder fühlen. Im Kapitel über das Hören lernen wir, dass unsere Ohren bestimmte Schallwellen gar nicht hören können. Ultraschall-Laute, wie sie die Fledermäuse ausstoßen, entgehen uns. Auch unser Geruchssinn ist nicht gerade Spitze. Jeder Dackel riecht besser als wir.

Dass die Welt nicht so ist, wie unser Ich sie sieht, können wir auch im Kapitel über das Hören nachlesen. Dort steht, dass ein Laut gar nicht laut ist, sondern erst von unseren Ohren und unserem Gehirn zu einem Laut gemacht wird. Es ist, als ob unser Gehirn die Welt nachbaut, so wie ein Computerspiel. Es könnte sein, dass die Welt in Wahrheit ganz anders aussieht. Rosa. Oder Blau. Oder Gjsdakjfr (eine Farbe, die wir gar nicht kennen). Was wir Baum nennen, ist in Wahrheit flüssige Lakritze. Was wir Eltern nennen, sind nur zwei winzige weiße Kaninchen. Und Schokolade schmeckt in Wahrheit nach Hundekacke. Es könnte sogar sein, dass ein paar Monster uns an Computer angeschlossen haben und die Welt in unser Gehirn überspielen. So wie wir am Computer ein neues Programm laden. Schrecklich, oder?

Es gibt einen Philosophen, der hat über all diese schrecklichen Vorstellungen schon vor 400 Jahren gründlich nachgedacht. Er heißt René Descartes und zweifelte an allem. Der Himmel, die Luft, die Erde, die Farben, die Menschen. All das, meinte er, könne auch ein Traum sein. Descartes traute nicht einmal den Gesetzen der Mathematik. Ein böser Geist hätte uns einreden können, dass 2 plus 2 immer gleich 4 sei. »In Wahrheit« ergäben 2 plus 2 aber 7.

In unseren Ohren klingt das verrückt, aber wenn wir uns an unsere Träume erinnern, wissen wir, dass die Welt darin ganz anders funktionieren kann. Wir können von riesigen Mäusen gejagt werden oder wie Engel über einem Land schweben. Nichts ist unmöglich. Und deshalb dachte Descartes, dass auch die ganze Welt ein Trugbild sein könnte, ein Traum. Selbst unser eigener Körper kann uns täuschen, denn auch von ihm wissen wir nur über unsere Sinne. Aus unseren Träumen allerdings wachen wir morgens wieder auf. Und sehen, dass die Welt noch ziemlich genauso ist wie am Abend zuvor. Auf dem Boden im Kinderzimmer ist sogar noch der Kakao zu sehen, den wir am Tag vorher dort umgekippt haben.

Das Ich – ein Freund fürs Leben

Wenn wir aufwachen, kehrt das Ich zu uns zurück, das sich am Abend vorher, beim Einschlafen, schlagartig von uns verabschiedet hat. Das Einschlafen ist ein merkwürdiges Ereignis. Man liegt im Bett, denkt noch ein wenig nach über die Mathe-Hausaufgabe oder die Käsefüße des Nachbarjungen, und plötzlich ist man weg. Der Körper liegt da wie verlassen. Er dreht sich manchmal um, atmet und kann sich sogar

kratzen, wenn es juckt, nur das Ich macht Pause. Niemand weiß bis heute, warum es so plötzlich abtaucht. Von einem Moment auf den anderen ist das Ich weg, und der Schläfer weiß nichts mehr von sich. Es ist kein Wunder, dass viele Kinder mit dem Einschlafen abends gern noch etwas warten. Wer will schon gern verschwinden? Trotzdem schlafen alle irgendwann ein. Und wachen morgens wieder auf, um festzustellen: Hurra, das Ich ist wieder da. Das Ich ist deshalb wie ein guter Freund, auf den wir uns verlassen können und der uns nie verlässt. Auch für Descartes war das Ich sehr beruhigend. Die Sinne können mich täuschen, dachte er, aber nicht das Ich. »Ich denke, also bin ich.« So heißt sein berühmter Spruch.

Wenn man den Philosophen Descartes liest, könnte man denken, dass die Menschen außer ihrem Ich nicht viel haben. Der Welt können sie nicht trauen. Den Farben nicht. Den Tönen nicht. Den eigenen Gefühlen nicht. Doch zum Glück ist die Welt, wenn man sich nicht gerade philosophische Gedanken darüber macht, genauso vertrauenswürdig wie unser Ich.

Ob die Welt in Wahrheit von Monstern in unser Hirn gesendet wird oder rosa ist, kann uns nämlich ganz egal sein. Ein Fußballtor, das von Monstern in unser Gehirn gefunkt wird, bleibt trotzdem ein Fußballtor, und wer das nicht glaubt, liegt schnell 0:1 zurück.

Für unser Ich ist die Welt gerade richtig. Und zwar mit allem Drum und Dran: mit Eltern und Freunden, mit Spaghetti-Eis und Skateboards, mit spannenden Büchern und guter Musik, mit Apfelbäumen, Maulwürfen und Ameisen. Unser Ich sorgt dafür, dass wir diese Welt genießen können, dass wir etwas von ihr haben. Die Ameisen wissen nicht, wie toll ihr Bau ist, wir wissen es.

Das Beste am Ich ist aber, dass es noch andere Iche gibt. Es ist schön, mit Meerschweinchen und Hasen zu spielen oder mit Puppen zu reden. Aber natürlich ist es viel schöner, mit Freundinnen und Freunden zu plaudern oder abends dem Vater zuzuhören, wenn er eine Geschichte vorliest. Mit den anderen Ichen können wir reden, wir können uns verstehen, uns helfen, gemeinsame Pläne schmieden und Riesenspaß haben. Es wird nie langweilig.

Halt! Das stimmt nicht ganz. Manchmal wird es doch langweilig, aber dann können wir einfach noch ein paar mehr Iche treffen. Wir hören Musik, lesen Bücher, sehen Filme oder gucken schöne Bilder an. Was immer wir auch tun, es steckt fast immer mindestens ein Ich dahinter, das sich die Sache ausgedacht hat. Auch hinter diesem Kapitel steckt ein Ich. Und zwar eines, das zum Schluss noch eine Frage stellt. Eine Frage für alle, die später mal Philosoph werden wollen. Eine fiese Frage, und sie geht so: Wenn ich über mein Ich nachdenke, ist das Ich, das nachdenkt, dann ein anderes Ich als das Ich, über das nachgedacht wird?

Warum fallen die Sterne nicht vom Himmel?

Alles fällt auf die Erde. Äpfel, Birnen, Pflaumen. Fallschirmspringer und Bungee-Jumper. Und Onkel Henrys teure alte Spiegelreflexkamera fällt natürlich auch auf den Boden, bloß weil man sie einen Moment lang nicht fest gehalten hat. Das Fallen ist offenbar ein Schicksal, dem sich nichts und niemand entziehen kann. Noch nie blieb ein Apfel zwischen Ast und Boden plötzlich in der Luft stehen, und noch nie erhob sich auch nur die kleinste Streichholzschachtel von selbst in die Luft. Nur oben am Himmel, da leuchten Mond und Sterne seit Jahrmillionen, ziehen ruhig ihre Bahnen und fallen nicht das kleinste bisschen herunter. Gilt die Regel vom Fallen im Weltraum nicht?

Wenn sie über den Sternenhimmel reden, verhalten sich Erwachsene oft sonderbar. Sie sagen: »Weißt du noch, wie wir damals am Meer saßen, auf dem kleinen grünen Badehandtuch, und die Sterne haben sooo gefunkelt.« Und sie schauen sich dabei an, als hätten sie sich vor einer Stunde zum ersten Mal gesehen. Abends kommen sie dann mit dem »Kleinen Prinzen« ans Bett und lesen einem von Planeten vor, auf denen Affenbrotbäume wachsen. Oder sie führen einen auf den Balkon, machen ein wichtiges Gesicht und erklären Sternbilder. »Da, siehst du den Großen Wagen?« »Und da vorne die Zwillinge?« »Und guck mal, der Stier.«

Für Kinder ist das Sterngucken meistens nicht so interessant, wie die Erwachsenen denken. Den Großen Wagen können sie vielleicht gerade noch erkennen. Aber was ein paar Lichtpunkte mit einem Zwilling zu tun haben, ist ihnen völlig rätselhaft. Auch viele andere Sternbilder leuchten Kindern nicht besonders ein. Wie ein Rabe oder ein Krebs sehen die Sternfamilien mit diesen Namen ganz bestimmt nicht aus. Es gibt sogar ein Sternbild namens Pendeluhr, das nur auf der Südhalbkugel der Erde zu sehen ist. Der französische Astronom Nicolas Louis de Lacaille, der im 18. Jahrhundert lebte, hat es angeblich nur deshalb nach einer Uhr benannt, weil er wegen seiner Himmelsbeobachtungen zur eigenen Hochzeit zu spät kam. Andere Sternbilder, die de Lacaille sich ausgedacht hat, heißen Zirkel oder Luftpumpe.

Auf die wirklich interessanten Fragen zum Sternenhimmel wissen die Eltern leider meistens keine Antwort. Wie der Warp-Antrieb eines Raumschiffs funktioniert. Wann die erste

Mars-Basis gegründet wird. Welche Informationen die NASA über Ufos hat. Ob es stimmt, dass Aliens manchmal Erdbewohner zu medizinischen Experimenten in den Weltraum entführen. Oder warum die Sterne nicht vom Himmel fallen. Diese Informationen müssen sich die Kinder mühsam selbst beschaffen.

Warum strahlen die Sterne?

In besonders klaren Nächten kann man am Himmel über Deutschland knapp 3000 Sterne beobachten, von denen bislang nicht einer heruntergefallen ist. Einige von ihnen strahlen sehr hell wie der Sirius, der in einem Sternbild sitzt, das »Großer Hund« genannt wird. Viele andere kann man dagegen mit bloßem Auge kaum erkennen. Um diese Sterne zu sehen, braucht man ein Teleskop. Im Jahr 1608 beschrieb der niederländische Brillenmacher Hans Lipperhey zum ersten Mal, wie man mit Hilfe von zwei Linsen ferne Gegenstände nah heranholen kann. Mit dieser Entdeckung machte er alle Sterngucker der Welt glücklich. Der italienische Astronom Galileo Galilei baute Lipperheys Fernrohr sofort nach und fand prompt vier Jupitermonde. Nebenbei widerlegte er so ziemlich alle gültigen Lehren über den Aufbau des Universums.

Heute kann man einfache Fernrohre in jedem Spielwarenladen bekommen und damit am Himmel eine Menge entdecken. Nicht nur Hunderttausende weiterer Sterne, sondern auch interessante Krater auf dem Mond oder Weltraumstationen auf ihrer Umlaufbahn sind zu sehen. Sogar die Sonne kann man mit einem Teleskop betrachten. Allerdings

> **Passt die Astronomie, eine der ältesten Wissenschaften der Welt, überhaupt in die Universität mit den jüngsten Studenten? Der Tübinger Astronom Prof. Klaus Werner zeigte, wie gut sich Astronomie und Kinder vertragen: Seine Vorlesung wurde von den Kindern als beste ausgezeichnet. Bei diesem Kapitel passte Klaus Werner auf, dass alles stimmt.**

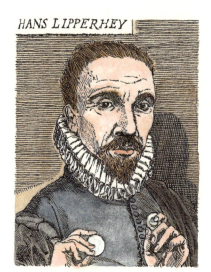

DIE STERNBILDER

Schon die Griechen, Babylonier und Ägypter haben die Sterne am Himmel nach Figuren sortiert und ihnen Namen gegeben, meistens von Tieren oder mythischen Gestalten. Bis heute glauben viele Menschen, dass Sternbilder ihr Leben beeinflussen können. Kublai Khan, der Sohn des Dschingis Khan, beschäftigte 5 000 Astronomen, die ihn bei seinen Kriegszügen berieten. Die Astronomen, die heute den Himmel erforschen, glauben nicht an Horoskope. Sie nutzen die 88 offiziell anerkannten Sternbilder nur zur Orientierung.

muss man das Bild auf ein Papier oder eine Projektionswand umlenken. Auf keinen Fall darf man direkt in die Sonne schauen, weder mit dem Auge noch mit einem Fernrohr.

Anders als Planeten sind Sterne Himmelskörper, die strahlen. Sie können das, weil sie in ihrem Inneren einen gigantischen Atomofen haben, der mit Wasserstoff und Helium betrieben wird. Wie gut dieser Ofen funktioniert, muss man einem Bewohner des Planeten Erde nicht sagen. Die Sonne ist nämlich auch ein Stern. Ein ziemlich durchschnittlicher Stern sogar und nicht besonders groß. Aber dieser durchschnittliche Stern ist in der Lage, die gesamte Erde mit Licht und Wärme zu versorgen, obwohl er 150 Millionen Kilometer von uns entfernt liegt. Die Sonne bestrahlt nicht nur die Erdoberfläche. Weil ihr Licht in unserer Atmosphäre zerstreut wird, sorgt es auch für den strahlend blauen Himmel auf dem Planeten und angenehme Badetemperaturen im Sommer. Ohne das Sonnenlicht gäbe es auf der Erde keine Photosynthese und damit auch keine Pflanzen und keine Tiere. Es gäbe nicht einen Liter Erdöl, kein Erdgas und keine Kohle. Nicht einmal Maulwürfe gäbe es, obwohl diese Tiere von der Sonne nicht viel halten.

Aus der Ferne sehen Sterne schön aus, aus der Nähe aber ähneln sie furchtbaren Höllenfeuern. Sie sind mächtige Flammenbälle, gigantisch große Kugeln aus loderndem Gas. 14 Millionen Grad heiß wird es im Inneren der Sonne, und selbst an der sichtbaren Oberfläche herrschen noch Temperaturen von 5500 Grad. Genau wie das Feuer sind auch Sterne immer in Bewegung. Aus ihrem Innern, wo der gigantische Ofen brennt, steigen ständig extrem heiße Gase nach oben, die manchmal in ungeheuer großen Explosionen ausbrechen. Solche Gasexplosionen können Hunderttausende von Kilometern weit ins Weltall hineinschießen. Ihre Wirkung ist selbst auf der weit entfernten Erde zu bemerken. Im Jahr 1859 beobachtete der englische Astronom Richard Christopher Carrington als erster Mensch eine solche Explosion. Es war am Vormittag des 1. September, als er auf dem Wandschirm, auf den er das Sonnenlicht projiziert hatte, zwei Flecken äußerst grellen Lichts beobachtete: eine Explosion auf der Sonne.

Carrington konnte kaum glauben, was er sah, doch welche Bedeutung seine Beobachtung wirklich hatte, erkannte er erst am nächsten Tag. Am 2. September kam es auf der ganzen Erde zu seltsamen Geschehnissen. Telegrafenleitungen standen unter Strom und übertrugen Nachrichten, ohne dass Batterien verbraucht werden mussten. Und in weiten Teilen Europas und Amerikas wurde die Nacht zum Tag: Nordlichter, die sonst nur im äußersten Norden zu sehen sind, erhellten in vielen Gegenden

GALILEI

Bis zu Galileo Galilei glaubten die Menschen, dass Sonne und Planeten um die Erde kreisten. Mit seinen Fernrohren konnte der italienische Astronom Galilei im Jahr 1610 beweisen, dass sich in Wahrheit die Planeten um die Sonne drehten. Er entdeckte, dass die Venus manchmal von vorn, manchmal von der Seite und manchmal von hinten von der Sonne beschienen wird, sie musste sich also um die Sonne drehen. Leider wollte die Kirche die neue Lehre nicht akzeptieren und drohte dem Astronomen mit Folter. Aus Angst leugnete er seine eigenen Entdeckungen.

der Erde den Nachthimmel. Der Grund dafür war, dass die Explosion große Mengen an Sonnenwind in den Weltraum geschleudert hatte, die auf der Erde zu elektrischen Entladungen führten.

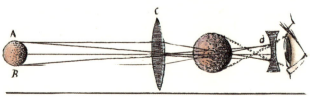

Galileis Fernrohr

Doch nicht nur gigantische Explosionen ereignen sich auf dem Feuerball. Regelmäßig ziehen auch seltsame schwarze Flecken über die Sonnenoberfläche, die wahrscheinlich schon vor über 2 000 Jahren beobachtet wurden. Diese Flecken sind etwa 2 000 Grad kühler als ihre Umgebung, und sie tauchen alle elf Jahre in großer Zahl auf. Warum alle elf Jahre? Darüber haben sich viele Forscher den Kopf zerbrochen, heute vermutet man, dass es mit einer regelmäßigen Veränderung des Magnetfeldes der Sonne zu tun hat. Noch immer ist nicht ganz klar, welche Auswirkungen die Sonnenflecken auf die Erde haben. Weil den Flecken oft große Explosionen folgen, strahlt die Sonne in Zeiten mit vielen Flecken mehr Energie und mehr magnetische Strahlen aus als sonst. Auf der Erde kann das vermehrt Nordlichter auslösen, aber auch Störungen bei der Nachrichtenübertragung und beim Radioempfang kommen vor. Möglich ist sogar, dass es zu Klimaschwankungen kommt. Als im 17. Jahrhundert die Zahl der Sonnenflecken stark zurückging, sanken 70 Jahre lang auch die Temperaturen auf der Erde. Man sprach von einer »kleinen Eiszeit«.

STRAHLENDE ERDE

Die Erde ist der einzige Planet, der auch eigenes Licht in den Weltraum ausstrahlt. Die Haus- und Straßenbeleuchtung ist in Europa, den USA und im Fernen Osten mittlerweile so stark, dass sie von einem Satelliten aus fotografiert werden kann. Für die Astronomen ist das Strahlen der Erde kein Grund zur Freude. Weil das künstliche Licht den Nachthimmel überstrahlt, können sie in vielen Regionen ihre Teleskope nicht mehr benutzen. Viele Astronomen schimpfen über die Lichtverschmutzung.

So wichtig und aufregend die Sonne für einen Bewohner der Erde ist, so unbedeutend ist sie leider für den restlichen Weltraum. Allein in unserer Galaxie gibt es fast 200 Milliarden Sonnen, und unsere Galaxie ist nur eine von Abermilliarden anderen. Galaxien sind in den endlosen Weiten des Weltraums so etwas wie die Inseln im Ozean, allerdings ziemliche bewegliche Inseln, die sich im Universum in allen Richtungen ausbreiten. Die Astronomen können von der Milchstraße und ihrer Umgebung mittlerweile richtige Landkarten zeichnen. Wie in einem Atlas zeigen sie einem: »Das hier ist die Galaxie NGC 6946, da vorne rechts kommt die Galaxie NGC 4565. Und hier, auf diesem ruhigen Sternenarm in der Galaxie Milchstraße, wohnen wir, die Erdbewohner.« Von der Erde aus kann man am Himmel sogar sehen, wo das Zentrum der Milchstraße ist. Da leuchten besonders viele Sterne. In der anderen Richtung sieht man heraus aus der heimatlichen Galaxie und hinein in die weiten Fernen des Weltalls.

> **BLAUER HIMMEL**
>
> Im weißen Sonnenlicht sind auch blaue Spektralfarben enthalten. Ein großer Teil davon wird durch die Gase der Erdatmosphäre aufgefangen und zerstreut. So entsteht der blaue Himmel. Auf dem Mond, der keine Atmosphäre hat, sind auch tagsüber die Sterne zu sehen.

Wie fallen Äpfel im Weltraum?

Stellen wir uns jetzt einmal vor, wir befänden uns an Bord des Raumschiffs Enterprise und rasten mit Warp-Antrieb durch die unendlichen Weiten des Weltraums. Wir passieren Sterne und Planeten, kosmische Nebelschwaden, Asteroiden oder Kometen. Eine Raumflotte der Klingonen zieht vorbei, und in der Ferne leuchten die mächtigen Spiralen einiger Galaxien. Über uns, unter uns, neben uns, überall tauchen die unterschiedlichsten Himmelskörper auf. Auch unser eigenes Sonnensystem finden wir.

Von ferne sehen wir einen dicken Feuerball, die Sonne, und um ihn herum lauter kleine Bälle, die Planeten. Der schönste von ihnen ist blau und glitzert ein wenig. Es ist die Erde.

All diese Himmelskörper schweben frei im Raum, keiner hängt an einem Faden, ist irgendwo angeklebt oder hält sich mit einem Düsenantrieb an seinem Platz. Stattdessen ziehen sie ganz von selbst auf ihren Bahnen durch die Weiten des Universums. Im Film kommt uns das ganz normal vor, in Wirklichkeit aber ist es sehr rätselhaft. Schließlich schweben auf der Erde die Dinge auch nicht einfach so im Raum herum, sondern fallen auf den Boden. Wieso ist das im Weltraum anders? Warum purzeln die Sterne und Galaxien nicht alle durcheinander? Und fallen auf den Boden des Universums?

Kinder, die das verstehen wollen, sollten sich jetzt sofort einen Schokoriegel besorgen. Ihr Hirn braucht nämlich Nahrung, weil es einen ziemlich schwierigen Gedanken denken muss. Einen Gedanken, der nicht so richtig zu dem passt, was Kinder täglich erleben. Einen der größten Gedanken, die jemals in der Wissenschaft gedacht wurden. Ein Engländer, Isaac Newton, hat ihn zum ersten Mal gedacht. Und er hat damit die gesamte Physik revolutioniert.

Wenn wir uns auf der Erde befinden, fallen die Dinge auf den Boden. Und zwar weil sie etwas wiegen. So dachten die Menschen vor Newtons großem Gedanken, und so denken viele bis heute, wenn sie nicht gerade die Kinder-Uni besuchen. Sie sehen, dass man Gewicht messen kann. Sie stellen sich auf eine Waage und sagen: »Aha, 88 Kilo. Könnte mal wieder ein bisschen abnehmen.« Sie gehen zum Markt und sagen zum Händler: »Bitte ein Kilo Pflaumen und vier Kilo Äpfel.« Sie nehmen

---

NORDLICHTER

Anders als Gewitter, die durch elektrische Entladung in der Erdatmosphäre entstehen, sind Nordlichter eine direkte Folge der Sonneneinstrahlung. Wenn der Sonnenwind, ein Strom geladener Teilchen, in das Magnetfeld der Erde eintritt, kommt es zu großen elektrischen Entladungen. So wie eine Glühbirne, die unter Strom gesetzt wird, zu leuchten beginnt, erstrahlen bei einem Nordlicht die Gase in der Erdatmosphäre. Allerdings viel schöner und farbiger als Glühbirnen. Wer einmal ein Nordlicht sehen konnte, wird es nie wieder vergessen.

einen Apfel in die ausgestreckte Hand und lassen ihn fallen. Er plumpst auf die Erde.

Und jetzt kommt der große Gedanke. Wir beamen uns dafür noch einmal in die USS Enterprise und beobachten den fallenden Apfel mit einem superstarken Teleskop vom Weltraum aus. Zu sehen ist jetzt eine winzig kleine Kugel, der Apfel, und eine riesengroße Kugel, die Erde. Vom Weltraum aus fällt die kleine Kugel nicht mehr auf den Boden, sondern sie bewegt sich ziemlich schnell auf eine andere Kugel zu, die Erde. Nach kurzer Zeit erreicht die kleine Kugel die große Kugel und bleibt auf ihr kleben. So wie der kleinen Kugel ergeht es allen Gegenständen auf der Erde. Alles, was wir hier zu Boden fallen sehen, ist aus der Perspektive der Enterprise nur die Bewegung von zwei Körpern zueinander. Ein kleiner nähert sich einem großen.

Warum bewegen sich die kleinen Gegenstände in Richtung des großen Gegenstands? Dieses Rätsel hat Isaac Newton vor über 330 Jahren gelöst. Es liegt daran, sagt er, dass sich alle Körper im Universum anziehen. Alle Körper üben wie ein Magnet eine Kraft auf ihre Umgebung aus, die Schwerkraft. Diese Kraft ist umso stärker, je massiger die Körper sind und je näher sie beisammenliegen. Man kann sich das auf der Erde schlecht vorstellen. Das Mathebuch soll eine Kraft auf den Füller ausüben? Die Inline-Skates am Walkman ziehen? Und der Walkman an den Inline-Skates? Absurd!

Trotzdem ist es so. Allerdings ist die Kraft, mit der ein Mathebuch am Füller zieht, so gering, dass sie keine Chance hat gegen die Kraft, mit der die Erde den Füller auf den Schreibtisch drückt. Würden Mathebuch und Füller einsam im Weltraum schweben, würden sie sich aufeinander zu bewegen. Auf

> **WARP-ANTRIEB**
>
> Mit dem geheimnisvollen (und unglücklicherweise nie erklärten) Warp-Antrieb des Raumschiffs Enterprise haben sich selbst Physiker schon beschäftigt. Leider kamen sie alle zum Schluss, dass er niemals funktionieren kann. Laut Albert Einstein ist nämlich die Lichtgeschwindigkeit die höchstmögliche Geschwindigkeit im Universum. Da liegt die Enterprise nach der Warp-Formel schon mit Warp 2 mächtig drüber. Warp 2 bedeutet nämlich achtfache Lichtgeschwindigkeit.

NEWTON

Der Entdecker der Schwerkraft war ein Sonderling, viel krank als Kind und streitsüchtig im Alter. Seine berühmten Gesetze entdeckte er zwischen den Jahren 1665 und 1667, angeblich weil er einen Apfel beim Fallen beobachtete. Erst zwanzig Jahre später veröffentlichte er sie in seinem berühmten Buch »Mathematische Prinzipien der Naturphilosophie«. Es dauerte fast fünfzig Jahre, bis sie allgemein anerkannt wurden.

der Erde gibt es aber nur eine Richtung für alles, was fällt: abwärts. Verglichen mit allen Dingen auf der Erde, hat die Erdkugel eine unvergleichlich größere Masse, deshalb zieht sie alles zu sich, was sich auf ihr befindet. Auch die Menschen werden von der Erde angezogen, deshalb können sie nicht einfach abheben und durch die Luft fliegen. Sogar die Erdatmosphäre mitsamt der Atemluft, den Wolken und der Ozonschicht wird von unserem Planeten angezogen und festgehalten. Das ist der Grund, warum sich die Erdatmosphäre nicht einfach in den Weltraum verdünnisiert.

Es gibt noch etwas, das von der Erde angezogen wird. Das ist der Mond. Seit es ihn gibt, seit 4,5 Milliarden Jahren also, dreht er seine Kreise um die Erde. Ohne die Schwerkraft der Erde hätte er sich schon lange in den Weltraum verabschiedet. Und zwar aus lauter Trägheit, weil jede Richtungsänderung ihn nur Kraft kostet. Nur weil die Erde ihn mit ihrer Schwerkraft anzieht, hat er sich auf seine Umlaufbahn begeben. Er fliegt zwar auch noch weg, aber zugleich stürzt er. Seine Trägheit zieht ihn von der Erde hinaus ins weite All, und die Schwerkraft der Erde zieht ihn runter. Weil beide Kräfte sich genau aufheben, fliegt er immer schön in der Runde. So kann er nachts den Himmel beleuchten und sich dabei von verliebten Paaren, traurigen Hunden und Dichtern mit bleichen Gesichtern betrachten lassen.

Isaac Newton hat auch ausgerechnet, wie stark die Dinge aneinander ziehen. Das hängt davon ab, wie viel Masse sie haben und wie weit sie voneinander entfernt sind. In unserem Sonnensystem hat die Sonne eindeutig die größte Masse. Sie übt damit in ihrer Umgebung eine so große Kraft aus, dass sie ganze Planeten festhalten kann. Würde die Sonne von einem Moment auf den anderen verschwinden, hätten die Menschen noch genau 8,3 Minuten Zeit (so lange brauchen Licht und Schwerkraft, um die Erde zu erreichen), dann wäre es mit einem Schlag stockdunkel und eiskalt. Und die Erde würde, weil ihre Trägheit plötzlich nicht mehr von der Schwerkraft der Sonne gebändigt wird, frei in den Weltraum rasen.

Menschen, Tiere und Pflanzen könnten das nur ein paar Sekunden überleben, die Erde aber würde, wenn sie dem dicken Jupiter entkommt, so lange durch das All fliegen, bis sie irgendwann nach vielen Millionen Jahren auf einen anderen Stern trifft. Mit etwas Glück käme sie genau in der richtigen Kurve angeflogen, landete in einer Umlaufbahn und wäre fortan ein unbewohnter Planet in einem anderen Sonnensystem. Gut möglich ist aber auch, dass sie, von der großen Masse angezogen, geradewegs in die fremde Sonne hineinstürzt und verglüht.

So weit ist es also gekommen. Da sollte in diesem Kapitel eigentlich die Frage beantwortet werden, warum die Sterne nicht auf die Erde fallen. Und jetzt fällt plötzlich die Erde auf einen anderen Stern. Wird denn in der Kinder-Uni die ganze Welt auf den Kopf gestellt?

Zum Glück haben wir schon den großen Gedanken gedacht und können uns noch mal an Bord der Enterprise beamen, um die Sache mit der fallenden Erde zu klären. Von der Kommandobrücke der Enterprise aus kann man gut sehen, dass selbst der kleinste Stern viel dicker und schwerer ist als die kleine Erde. Unsere Sonne wiegt sogar 330 000-mal so viel wie die Erde. Jetzt müssen wir uns nur noch an die Erkenntnis von Isaac Newton erinnern, dass

> **MASSE**
>
> **Die Masse eines Körpers entspricht dem, was wir als Gewicht bezeichnen, sie wird in Gramm und Kilogramm gemessen. Die Masse entscheidet mit darüber, welche Kraft ein Körper auf andere Körper ausübt und welche Kraft auf ihn einwirkt. Dazu ein Beispiel: Wenn man drei Wochen lang fastet, verringert man die Masse seines Körpers. Prompt wird man von der Erde nicht mehr so stark angezogen: Die Waage zeigt weniger Gewicht.**

Himmelskörper mit viel Masse mehr Schwerkraft ausüben als Himmelskörper mit wenig Masse, und schon ist klar, warum eher die Erde auf die Sterne fällt als umgekehrt.

Der nächste Stern, auf den die Erde fallen könnte, heißt Proxima Centauri und ist 4,3 Lichtjahre entfernt. Für kosmische Verhältnisse ist das so, als würde man mal eben aus der Küche ins Wohnzimmer gehen. Aber es ist trotzdem so weit entfernt, dass wir sagen können: Vor diesem Stern sind wir sicher. Zwar zieht auch Proxima Centauri (der zu einem Stern-Trio namens Alpha Centauri gehört) mit seiner Masse ein wenig an der Erde, aber er hat zu wenig Kraft, um den Planeten Erde aus der Bahn um die Sonne zu bringen. Proxima Centauri zieht übrigens auch an jedem Menschen, allerdings nur ein ganz winzig kleines bisschen. Wir merken davon nichts, weil die Erde viel zu sehr an uns zieht.

Laut Newton ziehen alle Körper, die durch das Universum treiben, aneinander. Die kleinsten Asteroiden und die größten Sonnen: Alle sind durch die Schwerkraft miteinander verbunden. Selbst ein kleiner Schmetterling, der vergnügt durch Paris fliegt, ist über die Schwerkraft mit den mächtigsten Sternen der Andromeda-Galaxie verbunden. Warum rasen dann aber nicht alle Dinge im Weltraum blitzschnell aufeinander zu? Das kann man am besten mit dem Prinzip Kindergeburtstag erklären. Wenn beim Kindergeburtstag die Mutter mit der Tüte voller Preise hereinkommt, stürzen sich sofort die Kinder von allen Seiten auf sie zu und ziehen und ziehen. Doch die Mutter bleibt genau in der Mitte stehen. Die Kräfte der Kinder heben sich auf.

So ähnlich funktioniert auch der Weltraum. Alle Himmelskörper ziehen an allen anderen, und so be-

> **DIE SCHWERKRAFT DES MONDES**
>
> Auf dem Mond herrscht eine andere Schwerkraft als auf der Erde, weil er weniger Masse hat. Die Astronauten, die auf dem Mond landeten, konnten deshalb riesige Sprünge machen. Sie wogen nur ein Sechstel ihres Gewichtes auf der Erde.

kommen alle ihren Platz und ihre Umlaufbahnen. Manche Leute sagen, dass die Schwerkraft der Leim ist, der das Universum zusammenhält, aber das ist kein besonders gutes Bild, weil man dabei sofort an Schmiere und Fäden denkt. Die Schwerkraft ist unsichtbar, man kann sie am besten mit dem Magnetismus vergleichen, einer anderen physikalischen Kraft.

Warum müssen Sterne sterben?

Die Schwerkraft sorgt für Ruhe und Ordnung im All, aber auch dafür, dass immer etwas Neues passiert. Auch im Inneren von Sternen herrscht

PLANETEN

Der Name »Planeten« kommt aus der griechischen Sprache und bedeutet »Die Umherschweifenden«. Tatsächlich bewegen sich die Planeten in festen Umlaufbahnen um die Sonne. Es gibt einen Merksatz, mit dem man sich die Reihenfolge der Planeten gut merken kann. Er lautet: »Mein Vater erklärt mir jeden Samstag unsere neun Planeten.«

nämlich die Schwerkraft. Hier sind es die kleinsten Teile der Materie, die Atome, die sich anziehen. Weil sie im Inneren so nahe zusammensitzen, ist die Schwerkraft hier besonders stark und wird immer stärker, je näher die Atome sich kommen. Irgendwann ist der Druck dann so gewaltig, dass sich die Atome vereinigen. Bei solchen »Kernfusionen«, wie die Physiker sagen, wird ungeheuer viel Energie frei, genug, um eine Sonne viele Milliarden Jahre lang strahlen zu lassen. Eines Tages allerdings geht das Gas aus, mit dem der Fusionsofen in Betrieb gehalten wird, und der Stern kann seine gewaltige Masse nicht mehr bändigen. Er dehnt sich aus, wird glühend rot und schrumpft dann zu einem »Weißen Zwerg« zusammen.

Richtig große Sterne allerdings wollen sich nicht einfach als weiße Zwerge vom Universum verabschieden. Im Todeskampf bäumen sie sich mehrere Male auf, werden riesengroß, schrumpfen wieder und sprengen sich schließlich mit einem gigantischen Blitz selbst in die Luft. »Supernova« nennen Wissenschaftler diese Explosionen, die heller sind als Millionen von Sonnen.

Wenn ein Stern in einer Supernova endet, wird seine Umgebung mächtig durchgeschüttelt. Staub und Gaswolken, die normalerweise ungestört vorbeitreiben, bekommen plötzlich kräftige Schubser. Materieteilchen fallen aufeinander und ziehen mit ihrer Masse weitere Materieteilchen an. Kettenreaktionen beginnen, bei denen die Schwerkraft eine Hauptrolle spielt. Sie sorgt dafür, dass die Staub- und Gaswolke langsam in sich zusammenfällt und in der Mitte ein Gasklumpen heranwächst. Je größer und schwerer dieser Klumpen wird, desto mehr Materie saugt er aus der Umgebung an. Immer heißer wird das Gas dabei und immer schwerer, bis irgendwann im Innern der mächtige Gasofen zündet. Das ist der Moment, in dem ein neuer Stern geboren wird.

In unserem Sonnensystem hat sich der Stern fast die gesamte Materie geschnappt: 99,87 Prozent aller Materievorräte befinden sich in der Sonne. Das bisschen, was übrig blieb, hat sich miteinander verbunden. Kleine Teilchen, die in großer Zahl um die junge Sonne kreisen, zogen einander an und sammelten mit Hilfe ihrer Schwerkraft andere Winzlinge ein. Wie ein Schneeball, den man durch den Schnee rollt, wurden aus den Winzlingen kleine Asteroiden und aus den Asteroiden schließlich Planeten. Neun von ihnen haben die Wissenschaftler in unserem Sonnensystem bis jetzt entdeckt. Neun Planeten, die höchst unterschiedlich sind. Sie bestehen aus Eisen und Nickel, aus Fels und Staub, aus Gasen, Eis und Flüssigkeiten. Nur einer von ihnen hat sich noch einen besonderen Luxus zugelegt: Bewohner.

Bis dahin allerdings verging eine Menge Zeit. Die neugeborenen Planeten mussten fleißig Materie einsammeln. Kosmische Felsbrocken, die Meteoriten, trommelten auf sie ein, rissen kleine und große Krater auf oder schlugen gigantische Ecken weg. Die Oberfläche des Merkur, der Venus und des Mars sind bis heute von Kratern bedeckt, aber auch auf der Erde sind schon zahlreiche Meteoriten eingeschlagen und haben riesige Krater hinterlassen.

Es muss ziemlich wüst zugegangen sein in der Jugendzeit unseres Sonnensystems. Damals war nicht nur die Sonne ein Feuerball, auch die Planeten trieben als heiße glühende Kugeln durch den Raum,

> **SCHNUPPEN UND METEORE**
>
> **Weltraumtrümmer, die auf der Oberfläche eines Planeten landen, heißen Meteoriten. Sie sind sehr begehrt bei vielen Forschern, weil sie eine Menge über die Entstehung des Weltraums verraten. Als Meteoroiden bezeichnet man die winzigen kleinen Teile, die in der Atmosphäre verglühen. Der Lichtblitz, den die Meteoroiden dabei hinterlassen, ist ein Meteor. Man darf aber auch Sternschnuppe dazu sagen.**

bis die Eiseskälte des Weltalls sie abkühlte. Bis heute ist das Innere der Erde so heiß, dass es die kühle Hülle immer wieder zerreißt. Vulkane brechen aus, Teile der Hülle reiben aneinander und verursachen schwere Erdbeben. Lavaspuren und Vulkankrater finden sich auch auf Merkur, Venus und Mars, doch sind die Vulkane auf diesen drei inneren Planeten erloschen. Auf Jupiter, Saturn, Uranus, Neptun und Pluto, den äußeren Planeten, gibt es keine Vulkane. Sie bestehen hauptsächlich aus Gas, Flüssigkeit und Eis.

Auch wenn auf der Erde nicht mehr so viele Meteoriten einschlagen wie früher, steht der Planet immer noch unter Dauerbeschuss aus dem Weltraum. Etwa tausend Tonnen wiegen die Weltraumtrümmer, die täglich auf die Erde fallen. Zum Glück sind die meisten dieser Teile sehr klein, sie werden von der Erdatmosphäre abgefangen und verglühen in einer Leuchtspur. Wer eine solche Leuchtspur, eine Sternschnuppe, am Himmel entdeckt, hat nach einer alten Überlieferung einen Wunsch frei, wenn er diesen Wunsch für sich behält. Leider nehmen es manche Sternschnuppenwünscher mit dieser Regel nicht mehr so genau. Sie haben festgestellt, dass Wünsche wie der nach einem Mountainbike schneller in Erfüllung gehen, wenn auch die Eltern davon wissen.

Wenn ein Meteorit auf die Erde kracht, kann das große Folgen haben. Der Brocken, der vor 65 Millionen Jahren in Mexiko niederstürzte, hat mit seinen gigantischen Staub- und Feuerwolken dazu beigetragen, die Dinosaurier und viele andere Tierarten auszurotten. Der Steinmeteorit, der im Jahr 1907 in der abgelegenen Tunguska-Region in Sibirien auf der Erde einschlug, setzte eine Fläche Wald in

---

LEONIDEN UND CO.

Wenn die Erde auf ihrer Umlaufbahn durch ein Gebiet mit besonders vielen Weltraumtrümmern fliegt, sind die Chancen größer, Sternschnuppen zu sehen. Berühmt geworden sind die Leoniden, ein Schwarm kleiner Staubteilchen, die alle 33 Jahre einen wahren Sternschnuppenregen auslösen können. Der letzte große Leonidenregen fand allerdings gerade erst statt. Deshalb sind die Geminiden (am 13. und 14. Dezember) und die Perseiden (am 11. und 12. August) in den nächsten Jahrzehnten interessanter.

Brand, die doppelt so groß war wie Berlin, und er tötete Hunderte von Rentieren. Im fernen London konnte man in der Nacht Zeitung lesen, ohne das Licht einzuschalten, so hell strahlte der Himmel. Und selbst der kleine Brocken, der im Jahr 1992 in der amerikanischen Stadt Peekshill herunterkam, verursachte einen Schaden. Der fußballgroße Klumpen zerbeulte den Kofferraum eines parkenden Autos.

Es fällt also manchmal doch etwas vom Himmel: Meteoriten. Sie werden von der Schwerkraft der Erde angezogen. Zum Glück kommt es nur äußerst selten vor, dass sie einen Menschen treffen. Trotzdem schadet es nichts, ab und zu mal einen Blick nach oben zu werfen, man weiß ja nie. Die größte Gefahr, die der Erde aus dem Weltraum droht, ist allerdings durch regelmäßige Blicke nach oben nicht abzuwenden. Diese Gefahr kommt von der Sonne. In 1,5 Milliarden Jahren wird sie einen großen Teil ihrer Brennstoffvorräte aufgebraucht haben. Der Gasofen in ihrem Innern muss dann immer schneller arbeiten, damit die Sonne ihre Leuchtkraft hält, und so wird unser Stern allmählich heißer und heller werden. Auf der Erde werden spätestens dann die Eiskappen an den Polen schmelzen, und es wird auch auf den höchsten Bergen kein Schnee mehr fallen.

Weitere vier Milliarden Jahre später wird sich die Sonne um 50 Prozent vergrößert haben. Der Brenner-Ofen in ihrem Innern erlöscht allmählich, und das Sonneninnere zieht sich zusammen. Das facht den Ofen noch einmal ordentlich an. Die Sonne wird 1 000-mal heller als heute strahlen und auf das 100-fache ihrer jetzigen Größe wachsen. Sie wird den Merkur und die Venus verschlingen und sich der Erde nähern wie ein riesiges gefräßiges Monster. Mit ihrer gigantischen Hitze wird sie alles Leben auf der Erde, alle Menschen, Tiere und Pflanzen, sogar alle Häuser und Straßen einfach verbrennen. Nichts wird von der Erde, ihren Bewohnern und ihren Werken übrig bleiben. Kein Haus. Kein Auto. Keine Yacht. Zum Glück ist es bis dahin noch ziemlich viel Zeit, und die Chance, dass sich die Menschen vorher selbst ausrotten, ist sehr viel größer.

Hallo? Ist da jemand?

Wird es jemand merken, wenn die Menschen aus dem Universum verschwinden? Diese Frage haben sich nicht nur die Astronomen seit Jahrhunderten gestellt. Es ist eine Frage, über die fast jeder irgendwann in seinem Leben einmal nachgedacht hat. Sind die Menschen allein auf ihrem kleinen blauen Planeten am Rande der Milchstraße? Oder haben sie irgendwo im Universum Gesellschaft? Gibt es eine Möglichkeit, mit fremden Lebewesen Kontakt aufzunehmen? Kann man sie womöglich besuchen? Kommen sie uns besuchen?

Um die Frage nach fremden Zivilisationen zu beantworten, fangen die Astronomen heute mit riesigen Teleskopen selbst die kleinsten Signale aus dem Weltraum auf. Ein weltweiter Computerverbund analysiert die Signale und sucht, weil wir die Sprache von Außerirdischen nicht kennen, nach Mustern, die von intelligenten Lebewesen stammen könnten. Die Suche verlief bislang erfolglos. Aber die Astronomen geben nicht auf. Sie wollen immer noch die alten Fragen beantworten, die schon Ägypter und Griechen sich gestellt haben: Wie ist das

Universum entstanden? Wie entwickelt es sich? Und welche Rolle spielt der Mensch darin?

Verglichen mit den griechischen und ägyptischen Astronomen, wissen wir heute sehr viel über den Weltraum. Die Wissenschaftler kennen das Alter des Universums (14 Milliarden Jahre), und sie haben ziemlich gute Theorien darüber, wie es entstanden sein könnte – vielleicht aus einer Art Energiebällchen, das in einem Urknall ausbrach und von da an Zeit und Raum um sich verbreitete. Sie wissen, dass sich das Universum seit dem Urknall ausdehnt und inzwischen Abermilliarden von Galaxien beherbergt. Und sie wissen, wann und wie unser Sonnensystem mit seinen Planeten entstand.

Außerdem konnten sich die Wissenschaftler im vergangenen Jahrhundert den uralten Traum aller Astronomen erfüllen. Sie schickten Raumschiffe ins All, um die fremden Welten am Himmel zu erkunden. Sonden flogen an Jupiter, Saturn und Uranus vorbei und übermittelten aufregende Bilder von diesen großen Gasplaneten. Zwei Raumsonden, Voyager 1 und 2, befinden sich sogar jenseits des Sonnensystems im tiefen Weltraum. Mit einer Tafel an Bord, die das Leben auf der Erde erklärt, fliegen sie zu anderen Sonnensystemen. Vielleicht werden sie eines Tages von fremden intelligenten Lebewesen geortet und eingefangen. Wenn es diesen Wesen gelingen sollte, die Zeichen auf der Tafel zu entziffern und die beigefügte Schallplatte auf einem interstellaren Plattenspieler abzuspielen, erfahren sie, dass es am Rande der Milchstraße einen Planeten gibt, auf dem Kinder lachen, Vögel zwitschern und Buckelwale singen.

> **DER MOND**
>
> Von ihren Mondexpeditionen brachten die Amerikaner eine Menge Mondgestein mit auf die Erde. Das Gestein ist, wie Untersuchungen ergaben, genauso alt wie das Erdgestein. Die Wissenschaftler vermuten deshalb, dass der Mond ein Kind der Erde ist. Wahrscheinlich wurden seine Bestandteile aus der Erde herausgeschlagen, als ein riesiger Asteroid von der Größe des Mars unseren Planeten rammte.

ANGST VOR MARS-BEWOHNERN?

Im Jahr 1938 sendete der amerikanische Rundfunk das Hörspiel »Krieg der Welten« von Orson Welles. Die erfundenen Berichte über eine angebliche Landung von schlangenähnlichen Mars-Ungeheuern, die Menschen mit Radarstrahlen töteten, sorgten für zahlreiche Anrufe bei Zeitungen. Von einer Massenhysterie mit Selbstmorden und Verletzten, wie es hinterher hieß, konnte allerdings keine Rede sein.

Es ist den Wissenschaftlern sogar gelungen, Menschen auf den Mond zu bringen. Bis heute können einige Leute das nicht glauben. Hartnäckig pflegen sie das Gerücht, die Mondlandung sei in Wahrheit in einem Studio gespielt worden. Aber das ist Unsinn. Wir können sicher sein, dass am 21. Juli 1969 der Astronaut Neil Armstrong aus der Landekapsel Eagle auf den Mondboden sprang und seinen berühmten Satz sagte: »Dies ist ein kleiner Sprung für einen Menschen, aber ein großer für die Menschheit.« Fast genauso faszinierend wie die Mondlandung sind die unbemannten Landungen auf fremden Planeten. Nur ein Jahr nach der Mondlandung gelang es russischen Wissenschaftlern, eine Sonde weich auf dem Boden der Venus abzusetzen. 23 Minuten lang sendete »Venera 7« Temperaturdaten zur Erde.

Fünf Jahre später schickte die russische Sonde »Venera 9« sogar Photos von der Oberfläche der Venus zur Erde. Bis heute staunen wir über die Bilder von unserem Nachbarplaneten. Zu sehen ist ein wüster und steiniger Boden unter einem schweren gelben Himmel. Dichter Smog lastet auf dem gesamten Planeten. Er hält die Sonnenwärme am Boden und sorgt für unerträgliche Hitze. 480 Grad wurden auf der Venus gemessen. Verglichen damit ist es in einem Backofen kühl. Dass in dieser Hitzehölle irgendeine Form von Leben existieren kann, ist äußerst unwahrscheinlich.

Etwas angenehmere Temperaturen herrschen auf dem Mars, unserem zweiten Nachbarn. Zwar wird es auf diesem Planeten in der Nacht bis zu 170 Grad kalt, doch erreicht das Thermometer tagsüber frühlingshafte 20 Grad. Der Mars bekam im Jahr 1971 zum ersten Mal Besuch von der Erde. Die russische Sonde Mars 2 wurde allerdings bei der Landung beschädigt, erst ihre Nachfolgerin Mars 3 sendete im selben Jahr Daten von der Marsoberfläche, wenn auch nur 20 Sekunden lang. Die besten Bilder stammen von den beiden amerikanischen Marssonden »Spirit« und »Opportunity«, die im Jahr 2004 auf dem Planeten landeten. Die Fotos zeigen eine staubige rötliche Wüste voller Steine und Felsen, in der Ferne erheben sich Berge und Krater.

Könnten in dieser Wüste Lebewesen existieren? Diese Frage beschäftigt die Wissenschaftler seit dem Jahr 1877, als der italienische Astronom Giovanni Schiaparelli dunkle Linien auf dem Mars erkannte. Linien, die aussahen wie Kanäle eines raffinierten Bewässerungssystems. Sollte es von einer geheimnisvollen Zivilisation auf dem Mars errichtet worden sein? Einer Zivilisation, die der Menschheit womöglich überlegen war?

Heute wissen wir, dass es keine intelligenten Lebewesen auf dem Mars gibt und mit großer Sicherheit nicht einmal eine einzige kleine Bakterie. Die Kanäle des Giovanni Schiaparelli waren nur eine optische Täuschung. Trotzdem haben die Wissenschaftler die Hoffnung nicht aufgegeben, auf dem Planeten wenigstens Spuren von vergangenem Leben zu entdecken. Ziemlich sicher ist immerhin, dass vor Millionen von Jahren Wasser auf dem Mars geflossen ist. Rinnen und andere Landschaftsformen deuten darauf hin.

Heute fließt auf dem Mars mit großer Sicherheit kein Tropfen Wasser mehr, nur die extrem kalten Pole sind noch von Eis bedeckt. Wir müssen deshalb damit rechnen, dass der Mars genauso tot ist wie die Venus oder der Merkur. Nicht einmal als Basis für eine Raumstation ist der Mars besonders geeignet.

Er ist viel zu kalt, es fehlt an Wasser, und die Aussicht ist trostlos. Auch die Atmosphäre ist extrem menschenfeindlich. Sie enthält keinen Sauerstoff und ist so dünn, dass unser Blut in den Adern anfangen würde zu kochen. Ohne Schutzanzug sollte man eine Marsstation deshalb niemals verlassen!

Ganz und gar ungeeignet als Wohnquartier für jede Art von Leben sind die fünf äußeren Planeten unseres Sonnensystems. Der mächtige Jupiter, der Saturn mit seinen schönen Ringen, der grüne Uranus, der blaue Neptun sind Gasplaneten. Anders als bei den inneren Planeten schaffte es die Sonne bei diesen vieren nicht, mit ihrem Wind das Gas wegzublasen. So bestehen sie hauptsächlich aus Gas, gefrorenem Wasser und Fels. Über ihre Oberfläche weiß man wenig, weil alle vier Planeten von dichten Wolken umhüllt sind. Sicher ist aber, dass man Weltraumtouristen einen Abstecher nicht empfehlen kann. Mit einem festen Boden wie der Mars oder die Venus kann keiner der vier Gasplaneten dienen. Außerdem sind die Temperaturen extrem niedrig, und der Druck der Atmosphäre ist so stark, dass selbst eine stabile Raumfähre bald zerquetscht wäre. Noch wenig erforscht ist der Letzte in der Reihe der Planeten, der ferne Pluto. Er hat immerhin, soviel wissen die Forscher, eine feste Oberfläche aus Stein und Eis.

Der einzige bewohnbare Planet unseres Sonnensystems ist die Erde. Nur auf ihr gibt es fließendes Wasser, weil sie genau den richtigen Abstand zur Sonne hat. Sie ist gerade schwer genug, um eine lebensfreundliche Atmosphäre zu halten. Und sie hat einen heißen Kern, der die kühle Hülle in Bewegung hält. Solche Bedingungen sind selten, selbst im riesigen Weltraum. Trotzdem müssen wir davon ausgehen, dass sich in anderen Sonnensystemen und fernen Galaxien ebenfalls Leben entwickelt hat, auch wenn wir das wahrscheinlich nie erfahren werden. Selbst mit der schnellsten aller Geschwindigkeiten, der Lichtgeschwindigkeit, wäre ein Raumschiff viele Jahre unterwegs, um nur die allernächsten Sternsysteme zu besuchen.

Weil auch intelligente Lebewesen von anderen Planeten nach unserem heutigen Wissensstand nicht schneller fliegen können als mit Lichtgeschwindigkeit, sind die Chancen extrem gering, dass Aliens auf der Erde landen und uns erzählen, was bei ihnen zu Hause los ist. Ganz sicher aber entführen sie keine Menschen in den Weltraum, auch wenn das eine Reihe von Leuten behaupten. Nicht eine einzige Erzählung über Aliens oder Ufos konnte bislang von seriösen Wissenschaftlern bestätigt werden. Stattdessen fanden sich für seltsame Lichterscheinungen am Himmel immer gute Erklärungen. Leider. Denn natürlich wäre die Welt viel interessanter, wenn ab und zu mal ein paar Vulkanier vorbeischauten.

Die Professoren der Tübinger Kinder-Uni

Sechs Professoren und zwei Professorinnen bestritten das zweite Semester der Tübinger Kinder-Uni. In den folgenden Porträts verraten sie, wie sie zur Wissenschaft gekommen sind und womit sich ihre Wissenschaften beschäftigen. Die acht Professoren berieten auch die Autoren des Buches.

Christiane Nüsslein-Volhard – die Entwicklungsbiologin

Seit sie im Jahr 1995 den Nobelpreis bekam, ist Christiane Nüsslein-Volhard die berühmteste deutsche Wissenschaftlerin. Zusammen mit einem anderen Forscher, Eric Wieschaus, hat sie das Rätsel gelöst, warum sich bei einer Drosophila-Fliege aus den allerersten Zellen, die noch ganz gleich aussehen, ein Organismus mit Vorder- und Hinterleib, Augen und Flügeln entwickelt. Sie entdeckte die chemischen Substanzen, mit denen die mütterliche Fliege die Entwicklung in ihrem Ei steuern kann. Wichtig waren diese Entdeckungen, weil man vermutet, dass die Entwicklung vieler anderer Tiere und sogar Pflanzen ähnlich abläuft. Nüsslein-Volhard erforscht deshalb zur Zeit die Entwicklung von Zebrafischen.

Wie die Natur funktioniert, dafür hat sich die Forscherin schon als Kind interessiert. Sie zeichnete Pflanzen, schaute nach, welche männlich und weiblich sind, und beobachtete Tiere auf dem Bauernhof, im Garten und im Haus. Sieben Wellensittiche, ein Gimpel, ein Zeisig und etliche weiße Mäuse lebten im Haus der Volhards in Frankfurt, da gab es viel zu beobachten.

Christiane Nüsslein-Volhard findet, dass es für Entwicklungsbiologen sehr wichtig ist, dass sie neugierig sind, gut beobachten und kombinieren können. Aber sie sollten auch geschickt mit den Händen sein, schließlich müssen im Labor ständig irgendwelche Gläser, Schalen oder Pipetten gefüllt, geschüttelt und gemischt werden. Kinder, die viel basteln, haben es wahrscheinlich etwas leichter, wenn sie später mal in einem Labor arbeiten. Christiane Nüsslein-Volhard hat schon als Kind viel gewerkelt und nie etwas verschenkt, das sie nicht selbst gebastelt hat. Bis heute strickt, näht und kocht sie sehr gern. Wer bei ihr im Max-Planck-Institut für Entwicklungsbiologie arbeiten will, muss sich deshalb darauf einstellen, ab und zu einen Kuchen mitzubringen. Kochen oder backen können, sagt die Forscherin, ist eine gute Voraussetzung für die Arbeit im Labor.

Weil sie den Nobelpreis bekam, ist ihr Labor in Tübingen jetzt sehr berühmt. Junge Forscher aus der ganzen Welt wollen bei ihr arbeiten. Für sie selbst war der Nobelpreis eine große Ehre, aber es war auch ziemlich anstrengend und kostete viel Zeit. Manchmal wünscht sie sich heute, dass sie die höchste Auszeichnung für Wissenschaftler nie bekommen hätte. Aber die Uhr zurückdrehen würde sie wahrscheinlich auch nicht. Eines hat ihr nämlich am Nobelpreis richtig gut gefallen. Als sie in Stockholm war, um den Preis in Empfang zu nehmen, bekam sie vom Nobelpreiskomitee einen Butler, der ihr alle unangenehmen Dinge abnahm. So einen hätte sie gerne immer.

**Bettina von Freytag genannt Löringhoff –
die Archäologin**
Es gibt wenige Uni-Berufe, die einem so etwas bieten: den Weg zur Arbeitsstelle mit einem Maultier zurückzulegen. Und es gibt wenige Uni-Berufe, bei denen so viel Abenteuerlust und Geländegängigkeit gefordert ist wie bei diesem. Das ist genau nach ihrem Geschmack. »Für die Archäologie muss man ge-

ländegängig, knautsch- und knitterfest sein«, sagt Bettina Baronesse v. Freytag gen. Löringhoff. Man muss Spaß daran haben, wochenlang in der Wüste zu campieren, und man muss mit einfachsten Lebensbedingungen genauso gut klarkommen wie mit großen Wetterschwankungen.

Als sie sich für das Studium der Archäologie entschied, spielte allerdings der Zufall mit. Zwar hatte Bettina von Freytag genannt Löringhoff ein humanistisches Gymnasium besucht, das Tübinger Uhlandgymnasium, aber sie hatte schon in und neben der Schule so viele Interessen entwickelt, dass ein Lehrer ihr sogar einmal prophezeite: Sie werde wohl nie das Abitur ablegen, wenn sie weiterhin so viel mache. Der Lehrer behielt Unrecht, aber er kommt noch heute zu allen ihren Vorträgen und ist sehr stolz auf seine Schülerin von einst. Kurz vor dem Abi kamen für Bettina von Freytag die Mikrobiologie und die Archäologie dann gleichermaßen in Frage. Die Abenteuerlust brachte die Entscheidung, denn als Archäologiestudentin konnte sie gleich ihren Rucksack packen und auf mehrmonatige Grabung gehen, ins antike Pergamon und in die Türkei. Türkisch lernte sie sehr schnell, denn sie lebte während ihres Studiums für zwei Semester bei einer türkischen Familie in Istanbul.

Während und nach ihrem Archäologiestudium kam sie viel herum, Stipendien und Grabungen führten sie an verschiedene Orte in Griechenland und Italien. Von 1976 an wurde die Archäologin dann sesshafter. An der Tübinger Universität übernahm sie ihre erste Assistentenstelle. Doch auch ihre wissenschaftliche Arbeit blieb abwechslungsreich: Sie lehrt, gräbt, sammelt und stellt aus. Denn die Archäologin ist Leiterin des Tübinger Museums Schloss Hohentübingen – ein Museum, das sich auch sehr um Kinder bemüht und selbst große Kindergeburtstagsgesellschaften bändigt.

Bettina von Freytag genannt Löringhoff spricht viele Sprachen. Die Freude am Sprachenlernen muss man als Archäologe schon mitbringen, denn ohne die mag sich wohl niemand freiwillig mit den sogenannten toten und deshalb mühsamer zu lernenden Sprachen wie Lateinisch und Altgriechisch befassen. Die alten Sprachen sollten die Archäologen so gut verstehen wie Englisch und Französisch. Sprachen sind wichtig für diesen Beruf, aber noch wichtiger ist etwas anderes, ein kriminalistisches Gespür und eine Freude an der Kombinatorik. Auch die kleinste Scherbe kann ein wichtiger Zeuge vergangener Epochen sein. Um ihre Aussage zu verstehen, braucht man jedoch viel Wissen aus Büchern und viel Erfahrung aus Grabungen. Archäologie ist kein Fach für Ungeduldige und Leute, die schnell aufgeben. Manchmal, so sagt die Archäologin, dauert es zwanzig Jahre, bis ich eine Scherbe finde, die zur anderen passt. Archäologie ist gewiss auch kein Fach für Vergessliche.

Gunther Klosinski – der Kinder- und Jugendpsychiater

Kunst oder Medizin, fragte sich Gunther Klosinski. Und entschied sich für beides. Ganz so einfach war es nicht, denn zunächst fiel seine Entscheidung offiziell für die Medizin. Aber die Liebe zur Kunst und vor allem der Malerei hat weiterhin Platz in seinem Leben.

Nach seinem Abitur in Nürtingen ging Gunther Klosinski zunächst zur Bundeswehr. Dort konnte er nämlich eine Sanitätsausbildung machen, die ihm wiederum den Zugang zum Medizinstudium erleichterte. In Tübingen studierte er von 1967 bis 1973 Medizin.

Danach wollte er nicht Augenarzt oder Chirurg, Facharzt für Inneres oder für Hals, Nase oder Ohren werden, er schlug eine ganz andere Richtung ein. Er wurde Psychiater und spezialisierte sich dabei auf Kinder und Jugendliche. Ein Teil seiner Arbeit besteht heute darin, Gutachten über Jugendliche zu verfassen, die polizeilich auffällig wurden, als Brandstifter oder Gewalttäter beispielsweise. Ein anderer Teil besteht in der Behandlung von Kindern und Jugendlichen mit schweren psychischen Problemen.

Ein Psychiater hat nicht so sehr mit den Krankheiten des Körpers zu tun, er ist mehr mit den Krankheiten der Seele befasst. Das lässt sich nicht immer so ganz genau trennen: Körperliche Krankheiten können zu schweren seelischen Leiden führen, aber die Krankheiten der Seele können ebenfalls körperliche Beschwerden verursachen, und deshalb müssen Psychiater ausgebildete Ärzte sein, während Psychotherapeuten für ihren Beruf nicht unbedingt ein Medizinstudium brauchen, sie können auch ein Psychologiestudium abgeschlossen haben.

Die Psychiatrie, vor allem die für Kinder und Jugendliche, hat sich sehr weit von ihren Anfängen entfernt. Es gab nämlich Zeiten, in denen sie vor allem eins tat: Menschen wegschließen. Wer sich merkwürdig oder auffällig verhielt und mit seinem Alltag nicht zurechtkam, konnte in einer »geschlossenen Anstalt« landen. Das war nicht viel besser als in einem Gefängnis. Und Behandlung bedeutete hier nicht Heilung, sondern vor allem Beruhigung.

Mittlerweile hat sich die Psychiatrie sehr verändert. Eingesperrt werden ohnehin nur diejenigen, die, wie es im Gesetz heißt, eine Gefahr für sich und andere bedeuten. Für Kinder und Jugendliche mit tiefen psychischen Störungen ist jedoch ein normaler Alltag besonders wichtig. In der Tübinger Jugendpsychiatrie, deren Leiter Gunther Klosinski seit 1990 ist, gibt es zum Beispiel eine Schule für die Patienten. Und es gibt auch die Möglichkeit, dafür kämpfte Gunther Klosinski, seit er Psychiatrie-Leiter ist, die Klinik nur tagsüber als Patient zu besuchen und abends wieder in der eigenen Familie und im eigenen Bett zu sein.

Hans-Peter Zenner – der Hals-, Nasen- und Ohrenarzt
Einem Schwerhörigen das Gehör zurückgeben, ist wahrscheinlich eine der schönsten Erfahrungen, die man als Ohrenarzt machen kann. Prof. Hans-Peter Zenner erlebte das zum ersten Mal im Jahr 1978. Sein Patient hatte eine Otosklerose, eine Krankheit, bei der die Mittelohrknöchelchen verkalken und den Schall nicht mehr ans Innenohr übertragen. Mit einer Operation kann man den verkalkten Knochen durch einen künstlichen, ein Implantat, ersetzen, der Patient kann wieder hören. Zenner gelang die Operation, und sein Patient war darüber so glücklich, dass er den jungen Arzt spontan umarmte.

Bis heute erinnert sich Zenner gern an diesen Tag, und er ist auch immer noch gern Arzt. Dabei war er sich nach dem Abitur gar nicht so sicher, ob er nicht besser Künstler werden sollte als Mediziner. Vorsichtshalber machte er ein Praktikum im nächstgelegenen Krankenhaus, um zu testen, ob ihm der Arztberuf gefallen könnte. Und siehe da: Es gefiel ihm, und er beschloss es zu versuchen. Vorsichtshalber allerdings studierte er noch Kunstgeschichte nebenher. Man weiß ja nie.

Erst als er zur Universität nach Mainz wechselte, musste er sich endgültig entscheiden, weil dort neben dem Medizinstudium kein weiteres Studium erlaubt war. Zenner blieb bei der Medizin und spezia-

lisierte sich auf Hals, Nase und Ohren, weil er hier Krankheiten diagnostizieren und gleichzeitig als Chirurg heilen konnte. Nur als Chirurg zu arbeiten, wäre ihm zu langweilig geworden.

Seine Arbeit macht ihm Spaß, sagt er, obwohl er heute als Chefarzt eine Klinik mit fast 300 Mitarbeitern leiten muss und jede Menge Stress und Verantwortung hat. Medizinprofessoren müssen sich aber nicht nur um Patienten kümmern und ihre Klinik leiten. Sie müssen auch noch forschen und ihren Studenten etwas beibringen. In der Kinder-Uni zeigte Zenner, wie man so etwas macht. Tagelang bereitete er sich mit seinen Mitarbeitern auf den großen Auftritt vor, baute ein Schlagzeug auf, spielte Gewitterdonner in den Hörsaal ein und ließ eine Hörzelle tanzen. Die Kinder waren begeistert.

Als Forscher interessiert sich Zenner besonders für Innenohr-Implantate. Wenn die Nervenzellen im Innenohr nicht mehr funktionieren, kann man mit solchen Geräten die akustischen Signale direkt ans Gehirn überspielen – eine große Hoffnung für alle, die mit Hörgeräten nicht mehr ausreichend hören. Außerdem wird an seiner Klinik erforscht, wie man bestimmte Zellen im Ohr dazu bringen kann, sich zu Hörzellen weiterzuentwickeln. Wenn das gelingt, könnten sie die Aufgaben von zerstörten Hörzellen übernehmen. Für seine Forschungen erhielt der 55-Jährige Tübinger im Jahr 1986 den Leibniz-Preis, die höchste deutsche Auszeichnung für Wissenschaftler.

Eduard Picker – der Jurist

Man denkt immer gleich ans Strafrecht. Wenn von Jura oder Rechtswissenschaft die Rede ist, sieht man ein Strafgericht mit einem Angeklagten, einem Richter, Staatsanwalt und Verteidiger vor sich. Am Ende des Prozesses wird Recht gesprochen, und der Angeklagte erscheint unschuldig oder wandert ins Gefängnis. In dieser Form kennt man Recht, darunter kann man sich etwas vorstellen. Aber das ist nur ein kleiner Teil des Rechts. Wichtiger als das Strafrecht sind zwei andere Rechtsbereiche: das Öffentliche Recht, da geht es um Staat und Verfassung, und das Zivilrecht.

Zivilrecht ist Teil des Privatrechts. Darin geht es um Verträge, um Eigentum, um Geschäftsfähigkeit, um Handel, um Erbschaft, um Schulden. Mit anderen Worten um die Grundlagen der bürgerlichen Gesellschaft. Die wichtigsten Grundlagen dafür stehen im Bürgerlichen Gesetzbuch, kurz BGB genannt. Und es ist ein Buch, das, obwohl ungefähr hundert Jahre alt, voller großer Erkenntnisse steckt. »Ein Meilenstein«, sagt Eduard Picker, und einer der ganz großen deutschen Exportschlager. Nicht nur das japanische Rechtssystem hat sich am deutschen orientiert. Man sieht dem Buch die Qualitäten nicht auf den ersten Blick an, man könnte es für eine langweilige Sammlung von Paragraphen halten. Doch sein genialer Aufbau begeistert die Rechtswissenschaftler.

Eduard Picker brachte diese Begeisterung nicht gleich ins Studium mit. Erst hatte er ohnehin Kunst oder Kunstgeschichte studieren wollen, allerdings erschien ihm das etwas brotlos. Klar war ihm, dass er nicht Lehrer werden wollte. Es blieben also noch eine Menge Möglichkeiten offen, auch Mathe kam von den Noten her in Frage, aber dann wurde es Jura mit den Spezialgebieten Haftungsrecht, medizinisch-ethische Rechtsfragen, Arbeitsrecht und Rechtsgeschichte.

»Und wenn ich noch einmal auf die Welt käme, würde ich wieder Jura studieren«, sagt der Jurist voller Leidenschaft für sein Fach, dem doch so gerne vorgeworfen wird, es sei staubtrocken.

Gerd Jürgens – der Entwicklungsgenetiker

Auch Gerd Jürgens zögerte bei seiner Berufsentscheidung. »Ich bin irgendwie in die Biologie geraten«, sagt er. Irgendwie scheint er damit genau das Richtige gefunden zu haben. Dabei hatte er in der Schule die Biologie sogar zugunsten der, wie er damals fand, interessanteren Chemie abgewählt. 1995 bekam Gerd Jürgens den Leibniz-Preis – das ist die höchste wissenschaftliche Auszeichnung in Deutschland – für seine Forschungen im Bereich der Biologie, genauer der Entwicklungsgenetik, und an einer kleinen unscheinbaren Pflanze, der Ackerschmalwand (Arabidopsis thaliana).

Es waren viele Fächer, mit denen Gerd Jürgens während und nach der Schule liebäugelte. Geschichte kam in Frage, auch Archäologie und Kunstgeschichte, und auch noch Mathe, Physik und Chemie. Was tun? Die Antwort steckte in einem Buch. Gerd Jürgens las einen der damaligen naturwissenschaftlichen Bestseller »Die Doppelhelix« von James Watson. Der Biochemiker Watson war dem ganz großen Rätsel des Lebens auf der Spur. Es ging um die Entschlüsselung der DNA, der Desoxyribonukleinsäure, der Trägerin von Erbinformationen in der Zelle.

Nicht lange nach der Lektüre des Buches stand Gerd Jürgens vor der Tür des Instituts für Molekulargenetik in Berlin. Er wollte unbedingt in diesem Bereich forschen. Doch um herauszubekommen, wie Wachstum, Entwicklung, Vermehrung und wie die Weitergabe von Erbinformationen in der Zelle funktionieren, untersucht man in der Forschung nicht gleich das komplizierteste aller Wesen, den Menschen, sondern man fängt ganz klein an. Gerd Jürgens forschte zunächst an Bakterien, dann an der kleinen Fruchtfliege, der Drosophila, und schließlich, weil er Bakterien und Fliegen ziemlich ausgereizt fand, an einer von der Wissenschaft noch recht unbeachteten Pflanze, der Ackerschmalwand. Die Ackerschmalwand machte nicht zuletzt durch ihn Karriere: vom Unkraut zu einer genetisch hochinteressanten Pflanze. Und Gerd Jürgens hätte nie gedacht, dass er einmal ausgerechnet bei der Botanik landen würde.

Manfred Frank – der Philosoph

Als der Tübinger Philosoph Manfred Frank ein Schüler war, wusste er schon, was er auf gar keinen Fall werden wollte: Philosoph. Der Philosophieunterricht an seiner Schule war ihm verhasst, eine »Schwafelbande« nannte er die Schüler, die damit ihre Zeit vergeudeten, statt etwas Richtiges zu lernen. In einer Schülerzeitung machte er sich sogar darüber lustig und verhöhnte die Philosophie.

Auch daheim fand Manfred Frank nicht einfach das gut, was andere gut fanden. Sein Vater, ein kluger und sehr gebildeter Arzt, wollte unbedingt, dass sein Sohn Goethe und Schiller las, die großen deutschen Dichter. Doch Manfred Frank griff lieber zur *Mickymaus* und stritt sich heftig mit dem Vater. Trotzdem hatte der Vater einen großen Einfluss auf den Sohn, weil er ihn eines Tages zu einem Urlaub in die Alpen mitnahm. Die wilden Felsen beeindruckten Manfred Frank so sehr, dass er sie unbedingt erstürmen wollte. Er wurde ein begeisterter Kletterer und schrieb seine ersten Aufsätze in Bergsteiger-Zeitschriften.

Weil er als Kletterer auch die Gesteine kennen musste, interessierte er sich für Geologie. Wieder war es sein Vater, der ihn drängte, einmal mit einem Geologen zu sprechen, und ihn dadurch auf Umwegen zur Philosophie brachte. Denn der Geologieprofessor, den er mit 17 Jahren besuchte, erkannte bald, dass der unsichere Junge vor ihm zwar eine Unmenge wusste über die Gesteine, dass er im Geheimen aber schon lange für die Philosophie gewonnen war. So gab dieser Professor den Ausschlag, dass Manfred Frank ein Philosoph wurde. Seit 1987 lehrt und forscht Manfred Frank in Tübingen, vorher war er in Genf. Mit dem Thema seines Kinder-Uni-Vortrags »Warum bin ich ich?« beschäftigt sich Manfred Frank auch in der Erwachsenen-Universität sehr intensiv. Über das Selbst und das Selbstbewusstsein hat er viele Aufsätze und Bücher geschrieben.

Klaus Werner – der Astrophysiker

Viele Kinder denken wahrscheinlich, dass Astronomen immer hinter einem Fernrohr sitzen und den Himmel nach unbekannten Sternen und Galaxien absuchen. Doch das ist falsch. Der Tübinger Astronom und Astrophysiker Klaus Werner verbringt die meiste Zeit vor seinem Computer und nicht hinter einem Fernrohr. Zwar hat er sich als 17-Jähriger von seinem ersten selbst verdienten Geld ein Fernrohr gekauft, doch damit kann er heute nicht mehr viel anfangen. Die Astronomen brauchen sehr leistungsfähige Teleskope, die sich in abgelegenen Gegenden der Welt befinden oder sogar auf einer Umlaufbahn um die Erde kreisen. Nur mit ihnen können sie neue Informationen aus den fernsten Galaxien des Universums bekommen.

Wer ein modernes Teleskop nutzen will, muss sich vorher genau überlegen, was er erforschen will, und dann einen Antrag schreiben. Eine Runde von Wissenschaftlern entscheidet einmal im Jahr darüber, welcher Astronom das Teleskop wie lange nutzen darf. Wenn einer seiner Forschungsanträge genehmigt wird, bekommt Klaus Werner eine bestimmte Beobachtungszeit auf dem Teleskop zugewiesen. In dieser Zeit macht das Teleskop nicht etwa schöne Fotos von fernen Sternen für ihn, sondern spuckt eine riesige Menge von Zahlen aus. Mit komplizierten mathematischen Formeln versucht der Astronom dann herauszufinden, was die vielen Zahlen ihm über sein Spezialgebiet, das Endstadium von Sternen, verraten können.

Wer Astronomie studieren will, sollte deshalb keine Angst vor Mathematik und Physik haben und am besten auch die Relativitätstheorie von Albert Einstein verstanden haben. Die Astronomie ist nämlich eine Wissenschaft, in der es ständig um Physik und mathematische Formeln geht. Trotzdem ist ein Astronom wie Klaus Werner nicht einfach nur ein Mathematiker mit dem Spezialgebiet »Himmelskörper«, sondern bis heute vom Weltraum fasziniert. »In welcher Welt leben wir?« Diese alte Frage, die sich schon die Ägypter gestellt haben, stellt er sich auch heute noch im Alter von 46 Jahren.

Es war auch die Begeisterung für den Weltraum, die ihn zur Astronomie führte. Schon als Kind sah er die Apollo-Flüge und die Mondlandungen im Fernsehen und stellte sich vor, wie es wäre, durch den Weltraum zu reisen. Zwar begriff er schnell, dass er als Brillenträger keine Chance hatte, jemals Astronaut zu werden, aber mit seinem Teleskop konnte er wenigstens in den Weltraum sehen. In seinem Physikstudium erinnerte er sich später an die alte Liebe aus der Kindheit und entschied sich für die Astrophysik. Die Weltraumfahrerei aber interessiert ihn bis heute. Sein Traum ist es, einmal in Cape Canaveral oder in Baikonur bei einem Raketenstart dabei zu sein.

Die **Kinder-Uni** entstand aus einer gemeinsamen Initiative des Schwäbischen Tagblatts und der Eberhard Karls Universität Tübingen.

Bibliografische Information Der Deutschen Bibliothek
Die Deutsche Bibliothek verzeichnet diese Publikation in der Deutschen Nationalbibliografie; detaillierte bibliografische Daten sind im Internet über <http://dnb.ddb.de> abrufbar.

2. Auflage 2004
© 2004 Deutsche Verlags-Anstalt, München
Alle Rechte vorbehalten
Gestaltung und Satz: Verlagsservice Rau, München
Reproduktionen: Repro Ludwig, Zell am See
Druck: Jütte-Messedruck GmbH, Leipzig
Bindung: Kunst- und Verlagsbuchbinderei GmbH, Leipzig
Printed in Germany
ISBN 3-421-05808-3